Balance für Körper und Seele

Louise L. Hay

Balance für Körper und Seele

Aus dem Amerikanischen von Thomas Görden

WILHELM HEYNE VERLAG
MÜNCHEN

Herausgegeben von Michael Görden

Die amerikanische Originalausgabe erschien 2002 unter dem Titel
YOU CAN HEAL YOUR LIFE. COMPANION BOOK
im Verlag Hay House Inc., Carlsbad, CA

Umwelthinweis:
Dieses Buch wurde auf
chlor- und säurefreiem Papier gedruckt

2. Auflage 2002

www.heyne.de
Umschlaggestaltung: FranklDesign, München
Umschlagillustration: Joan Perrin Falquet
Innenillustrationen: Joan Perrin Falquet
Layout: Christy Salinas und Summer McStravick
Druck: Druckerei Ernst Uhl GmbH & Co. KG
Satz: Franzis print & media, München
Herstellung: Helga Schörnig
Printed in Germany

ISBN 3-453-86147-7

Widmung

Arbeitsbuch ist ein gewichtiges Wort, und viele von uns haben das Gefühl, dass harte Arbeit vonnöten ist, um alte, tief sitzende Denkmuster auszumerzen. Ich glaube nicht, dass innere Veränderung ›Arbeit‹ sein oder Schwierigkeiten und Schmerzen mit sich bringen muss. Ich glaube, dass sie ein Abenteuer sein kann.

Deshalb möchte ich dieses Buch dem Abenteurer in *Ihnen* widmen, Sie befinden sich auf einer Schatzsuche. Jedes alte, negative Muster, das Sie entdecken, ist lediglich etwas, das es genau zu betrachten und dann loszulassen gilt. Unter jedem dieser Muster liegt eine Fundgrube voll innerer Schätze.

Suchen Sie Ihr eigenes Gold. Schaffen Sie in sich eine gute Gesundheit. Füllen Sie Ihr Leben mit Liebe. Finden Sie Ihre Freiheit. Sie sind es wert. Sie verdienen es. Ich werde Ihnen dabei helfen.

Sie befinden sich auf dem Pfad zu innerer Erleuchtung. Indem Sie sich selbst befreien, helfen Sie, den Planeten zu heilen.

Inhalt

Teil 1

EINLEITUNG

Kaptitel Eins

GRUNDLEGENDE TECHNIKEN

»Ich bin bereit, mich zu verändern.«

Dies ist ein Buch über Veränderung. Ich weiß, Sie wollen, dass alles und jeder sich verändert. Ihre Mutter, Ihr Vater, Ihr Chef, Ihr Freund, Ihre Schwester, Ihr Geliebter bzw. Ihre Geliebte, Ihr Nachbar, Ihr Vermieter, die Regierung müssen sich verändern, damit Ihr Leben perfekt wird. Doch so geht es nicht. Wenn Sie in Ihrem Leben eine Veränderung wünschen, dann müssen Sie diese Veränderung schon selbst herbeiführen. Wenn Sie sich verändern, dann werden sich in Ihrer Welt auch alle anderen Menschen in der Beziehung zu Ihnen verändern.

Sind Sie selbst bereit, sich zu verändern?

Wenn Sie dazu bereit sind, können wir gemeinsam das Leben erschaffen, das Sie sich wünschen. Alles, was Sie dafür tun müssen, ist, ein paar Gedanken zu verändern und sich von ein paar Glaubensvorstellungen zu trennen. Klingt das einfach? Das ist es auch. Allerdings nicht immer. Wir werden einige der Dinge untersuchen, die Sie in verschiedenen Lebensbereichen glauben. Wenn Sie positive

Glaubensvorstellungen haben, dann bitte ich Sie dringend, diese beizubehalten und darauf aufzubauen. Und wenn wir negative Glaubensvorstellungen entdecken, dann werde ich Ihnen dabei helfen, sich von ihnen zu trennen.

Mein Leben ist ein gutes Beispiel dafür, was geschehen kann, wenn man das eigene Denken verändert. Aus einem geschlagenen und misshandelten Kind, das in Armut mit geringer Selbstachtung und vielen Problemen aufwuchs, entwickelte ich mich zu einer weithin bekannten Frau, die in der Lage ist, anderen zu helfen. Ich lebe nicht länger in Schmerz und Leid. Ich habe für mich ein wundervolles Land geschaffen. Und das können auch Sie erreichen.

Ich möchte Sie ermutigen, liebevoll zu sich selbst zu sein, wenn Sie sich an die Übungen in diesem Arbeitsbuch machen. Sich zu verändern, kann schwierig sein, aber auch leicht. Erkennen Sie jede Bemühung an, die Sie unternehmen. Es ist möglich, dass es zwischen Ihrem alten und Ihrem neuen System von Glaubenssätzen eine Übergangsphase gibt, in der Sie zwischen den früheren und den neuen Denk- und Verhaltensweisen hin- und herschwanken. Lassen Sie sich davon nicht entmutigen. Gehen Sie mit sich selbst so liebevoll um wie mit einem guten Freund. Ermutigen Sie sich in jeder Weise, während Sie diese neue Erfahrung durchleben.

Wenn Sie die Übungen in diesem Buch konsequent anwenden, werden sich die Ergebnisse sehr rasch zeigen. Doch auch wenn Sie pro Monat nur eine Übung machen, wird das immer noch hilfreich sein. Tun Sie so viel, wie es Ihnen möglich ist. Durch die Übungen werden Sie neue Informationen über sich selbst erhalten. Sie werden in der Lage sein, neue Entscheidungen zu treffen.

Jede neue Entscheidung, die Sie treffen, ist wie ein Samenkorn in Ihrem geistigen Garten. Der Samen wird möglicherweise eine gewisse Zeit brauchen, um zu keimen und zu wachsen. Aus einem Apfelkern wird ja schließlich auch nicht über Nacht ein neuer Baum. Ganz ähnlich werden sich auch die Resultate dieser Arbeit nicht immer sofort zeigen.

Ich rate Ihnen, dieses Arbeitsbuch abschnittsweise durchzugehen. Nehmen Sie sich nacheinander jeweils ein Segment Ihres Lebens vor.

Schauen Sie sich bei jeder Übung Ihre Gefühle genau an. Lassen Sie zu, dass Gedanken und Erinnerungen in Ihnen aufsteigen. Fahren Sie dann mit den Übungen fort.

Machen Sie auch die Übungen für jene Bereiche, in denen Sie keine Probleme haben. Gestatten Sie es sich, die Vergangenheit zu erforschen und zu weinen, falls das nötig ist. Tränen sind der Fluss des Lebens und haben eine stark reinigende Wirkung.

Ich möchte jetzt noch einmal die Überzeugungen schildern, die meiner Philosophie zugrunde liegen. Möglicherweise kennen Sie sie bereits aus ›*Gesundheit für Körper und Seele*‹.

Woran ich glaube

Das Leben ist sehr einfach. Was wir geben, bekommen wir zurück.
Ich glaube, dass wir alle für jede Erfahrung in unserem Leben selbst verantwortlich sind, für die schönste ebenso wie für die schrecklichste. Jeder Gedanke, den wir denken, erschafft unsere Zukunft. Jeder von uns erschafft sich durch die Gedanken, die er denkt, und die Worte, die er spricht, seine Erfahrung.

Glaubenssätze sind Ideen und Gedanken, die wir als Wahrheit akzeptieren. Was wir über uns selbst und die Welt denken, wird für uns wahr. Die Glaubenssätze, für die wir uns entscheiden, können unsere Welt erweitern und bereichern. Jeder Tag kann eine aufregende, frohe, hoffnungsvolle Erfahrung sein – oder eine sorgenvolle, beschränkte und schmerzliche. Zwei Menschen, die in der gleichen Welt leben, unter den gleichen Lebensumständen, können das Leben ganz unterschiedlich erfahren. Was kann uns von einer Welt in eine andere befördern? Ich bin überzeugt, dass unsere Glaubenssätze es können. Wenn wir bereit sind, unsere bisherigen Glaubensstrukturen zu verändern, dann kann sich in unserem Leben eine wirkliche Wandlung vollziehen.

Was auch immer Sie über sich und die Welt glauben, denken Sie daran, dass es sich dabei nur um Gedanken handelt, und Gedanken lassen sich verändern. Vielleicht sind Sie mit einigen der Ideen, die ich untersuchen möchte, nicht einverstanden. Einige kommen Ihnen vielleicht fremd und Furcht erregend vor. Machen Sie sich deswegen keine Sorgen. Nur solche Ideen, die für Sie richtig sind, werden ein Teil von Ihnen werden. Vielleicht denken Sie, dass einige dieser Methoden zu simpel und albern sind und Ihnen nicht helfen werden. Doch ich bitte Sie lediglich, sie einmal auszuprobieren.

Unser Unterbewusstsein akzeptiert alles, an das wir glauben.
Die Universale Kraft verurteilt oder kritisiert uns niemals. Sie akzeptiert uns so, wie wir sind. Wenn Sie einen einengenden Glaubenssatz akzeptieren, wird er für Sie zur Wahrheit. Wenn Sie glauben, dass Sie zu klein, zu dick, zu dünn, zu groß, zu klug, nicht klug genug, zu reich, zu arm sind oder sich für unfähig halten, menschliche Bindungen einzugehen, dann wird sich dies für Sie bewahrheiten.

Denken Sie daran, dass wir es hier mit Gedanken zu tun haben, und Gedanken lassen sich verändern. Wir können unser Denken völlig frei wählen, und der Kraftpunkt liegt immer im gegenwärtigen Augenblick.

Was denken Sie jetzt gerade? Ist es etwas Positives oder etwas Negatives? Wollen Sie, dass *dieser* Gedanke fortan Ihre Zukunft bestimmt?

Als wir Kinder waren, lernten wir anhand der Reaktionen der Erwachsenen in unserer Umgebung uns selbst und das Leben kennen.
Daher haben die meisten von uns Vorstellungen über das, was wir sind, die nicht wirklich zu uns gehören. Und wir haben viele Regeln darüber, wie das Leben gelebt werden sollte. Wenn Sie mit Menschen zusammengelebt haben, die unglücklich, ängstlich, voller Schuldgefühle oder Wut waren, dann haben Sie eine Menge negativer Dinge über sich und die Welt gelernt.

Wenn wir erwachsen werden, neigen wir dazu, die emotionale Umgebung unserer Kindheit zu reproduzieren.
In unseren persönlichen Beziehungen neigen wir dazu, unser Verhältnis zu Mutter und Vater zu reproduzieren. Wenn wir als Kinder ständig kritisiert wurden, dann werden wir als Erwachsene die Nähe

von Menschen suchen, die sich uns gegenüber ebenso verhalten. Wenn wir als Kinder gelobt, geliebt und ermutigt wurden, werden wir dieses Verhalten später ebenfalls zeigen.

Ich will damit nicht sagen, dass Sie Ihren Eltern die Schuld geben sollen.
Sie sind genauso Opfer ihrer Erziehung wie wir der unseren, und sie konnten uns nicht etwas beibringen, was sie selbst nicht wussten. Wenn Ihre Mutter oder Ihr Vater nicht wussten, wie man sich selbst liebt, konnten sie Ihnen unmöglich beibringen, sich zu lieben. Im Rahmen des ihnen zur Verfügung stehenden Wissens taten sie ihr Bestes. Denken Sie einen Moment darüber nach, wie sie erzogen wurden. Wenn Sie Ihre Eltern besser verstehen wollen, fragen Sie sie nach ihrer Kindheit.

Hören Sie nicht nur auf das, was Sie Ihnen erzählen, sondern achten Sie auch darauf, was mit ihnen geschieht, während sie sprechen. Wie sieht ihre Körpersprache aus? Können sie Ihnen in die Augen schauen? Schauen Sie ihnen in die Augen, und versuchen Sie, das innere Kind Ihrer Eltern zu entdecken. Auch wenn Sie es nur für den Bruchteil einer Sekunde sehen, kann es Ihnen vielleicht wertvolle Erkenntnisse liefern.

Ich glaube, dass wir uns unsere Eltern aussuchen.
Ich glaube, dass wir uns selbst dafür entschieden haben, uns auf dieser Erde in einer bestimmten Zeit und an einem bestimmten Ort zu inkarnieren. Wir sind hergekommen, um bestimmte Lektionen zu lernen, die uns auf unserem spirituellen Entwicklungsweg voranbringen. Ich glaube, dass wir uns unser Geschlecht, unsere Hautfarbe und unser Geburtsland auswählen und uns dann für ein ganz bestimmtes Elternpaar entscheiden, das unsere spirituelle Arbeit in diesem Leben fördert.

Alles, womit wir es in unserem Leben zu tun haben, sind Gedanken, und Gedanken lassen sich verändern.
Um welches Problem es sich auch handeln mag, Ihre Erfahrungen

sind äußere Wirkungen von inneren Gedanken. Sogar Selbsthass ist ein Gedanke, den Sie über sich selbst hegen. Dieser Gedanke bringt ein Gefühl hervor, und Sie glauben diesem Gefühl. Doch wenn Sie den Gedanken nicht hätten, wäre auch das Gefühl nicht da. Gedanken lassen sich verändern. Ändern Sie den Gedanken, und das Gefühl verschwindet.

Die Vergangenheit hat keine Macht über uns. Es spielt keine Rolle, wie lange wir schon einem negativen Muster gefolgt sind. Wir können uns jetzt in diesem Augenblick befreien.

Ob Sie es glauben oder nicht, wir wählen uns unsere Gedanken aus.
Es kann sein, dass wir einen Gedanken gewohnheitsmäßig wieder und wieder denken und deshalb gar nicht merken, dass wir ihn einmal bewusst ausgewählt haben. Aber wir haben diese Wahl selbst getroffen. Wir können uns weigern, bestimmte Gedanken zu denken. Wie oft haben Sie sich schon geweigert, positiv über sich selbst zu denken? Sie können sich ebenso weigern, negativ über sich zu denken.

Bei allen, mit denen ich bisher gearbeitet habe, war der am tiefsten sitzende Glaubenssatz: »Ich bin nicht gut genug!«
Jeder Mensch, den ich kenne, oder mit dem ich gearbeitet habe, leidet zu einem gewissen Grad unter Selbsthass oder Schuldgefühlen. »Ich bin nicht gut genug, ich leiste nicht genug, ich verdiene das nicht«, sind weit verbreitete Klagen. Aber für wen sind Sie nicht gut genug? Und nach welchen Maßstäben?

Ich habe festgestellt, dass Groll, Kritik, Schuldgefühle und Angst die Ursachen für die meisten Probleme in uns selbst und unserem Leben sind.
Diese Gefühle entstehen, wenn wir anderen die Schuld geben und nicht die Verantwortung für unsere eigenen Erfahrungen übernehmen. Wenn wir für alles in unserem Leben selbst verantwortlich sind,

dann gibt es niemanden, dem wir die Schuld zuweisen können. Alles, was ›dort draußen‹ geschieht, ist nur ein Spiegel unseres Denkens.

Ich will damit das Fehlverhalten anderer Menschen nicht entschuldigen, aber es ist unser Glaubenssystem, das dieses Verhalten anzieht. In Ihnen ist ein Gedanke, der Menschen anzieht, die sich Ihnen gegenüber schlecht benehmen. Wenn die Leute Sie fortwährend missbrauchen und schlecht behandeln, dann ist das Ihr Gedankenmuster. Wenn Sie den Gedanken verändern, der dieses Verhalten anzieht, wird es aufhören.

Wir können unsere Einstellung zur Vergangenheit verändern.
Sie ist vorbei und vorüber und lässt sich nicht mehr verändern. Aber *wir* können unser Denken über die Vergangenheit verändern. Wie dumm ist es doch, wenn wir uns in der Gegenwart selbst bestrafen, weil jemand uns vor langer Zeit verletzt hat.

Wenn wir uns für den Glauben entscheiden, dass wir hilflose Opfer sind und alles hoffnungslos ist, dann wird das Universum uns in diesem Glauben bestärken. Unsere schlimmsten Ansichten über uns selbst werden sich bestätigen.

Wenn wir uns für den Glauben entscheiden, dass wir für unsere Erfahrungen selbst verantwortlich sind, für die guten ebenso wie für die so genannten schlechten, dann haben wir die Möglichkeit, über die Wirkungen der Vergangenheit hinauszuwachsen. Wir können uns verändern. Wir können frei sein.

Der Weg in die Freiheit führt durch die Tür der Vergebung.
Vielleicht wissen wir nicht, wie man vergibt, und wollen nicht vergeben; wenn wir aber *bereit* sind zu vergeben, können wir den Heilungsprozess beginnen. Für unsere Heilung ist es unbedingt erforderlich, dass *wir* die Vergangenheit loslassen und allen Menschen vergeben.

Das heißt nicht, dass ich falsches Verhalten entschuldige. Ich möchte Sie nur ermutigen, *sich selbst* davon zu befreien. Vergeben bedeutet freizugeben, loszulassen. Wir verstehen unseren eigenen Schmerz so gut.

Und doch fällt es den meisten von uns schwer, den Schmerz eines Menschen zu verstehen, der uns schlecht behandelt hat. Die Person, der wir vergeben müssen, hat ebenfalls gelitten. Sie hat lediglich widergespiegelt, was *wir* über uns selbst dachten. Sie tat ihr Bestes, entsprechend dem Wissen, dem Verständnis und der Bewusstheit, die ihr zu diesem Zeitpunkt zugänglich waren.

Wenn Menschen mit einem Problem zu mir kommen – ganz gleich welches, ob schlechte Gesundheit, Geldmangel, unbefriedigende menschliche Beziehungen oder unterdrückte Kreativität –, dann gibt es stets nur eine Sache, an der ich mit ihnen arbeite, und das ist *Selbstliebe*.

Wenn wir uns wirklich ganz so, wie wir sind, lieben und annehmen, dann fließt alles im Leben frei. Selbst-Achtung und Selbst-Annahme hier und jetzt sind die Schlüssel zu positiven Veränderungen in allen Bereichen unseres Lebens.

Sich selbst zu lieben, heißt für mich, sich selbst nie wegen irgendetwas zu kritisieren.

Kritik fesselt uns an das Muster, das wir zu ändern versuchen.

Versuchen Sie, sich selbst zu achten, und beobachten Sie, was dann geschieht. Kritisiert haben Sie sich schon jahrelang. Hat das etwa funktioniert?

BEGRIFFS-ERLÄUTERUNGEN

Affirmationen

Wir werden in diesem Buch immer wieder mit Affirmationen arbeiten. Affirmationen sind Aussagen, die wir in unseren Gedanken treffen – positive und negative. Viel zu oft denken wir in negativen Affirmationen. Negative Affirmationen erzeugen stets mehr von dem, was wir eigentlich nicht wollen. Zu sagen: »Ich hasse dieses alte Auto«, führt uns nirgendwohin. Zu erklären: »Ich segne mein altes Auto und gebe es in Liebe frei, ich akzeptiere und verdiene jetzt ein schönes, neues Auto«, wird die Kanäle in unserem Bewusstsein öffnen, die eine solche Wirklichkeit erschaffen helfen.

Treffen Sie positive Aussagen darüber, wie Sie sich Ihr Leben wünschen. Ein wichtiger Punkt dabei ist: *Machen Sie diese Aussagen stets in der GEGENWART.* Sagen Sie: »Ich bin« oder »Ich habe«. Ihr Unterbewusstsein ist Ihr gehorsamer Diener. Wenn Sie in der Zukunftsform sprechen (»ich will« oder »ich werde haben«), dann werden Ihre Wünsche auch immer dort bleiben – in der Zukunft, außerhalb Ihrer Reichweite.

Dr. Bernie Siegel, der Autor des Bestsellers *Prognose Hoffnung* sagt, dass »Affirmationen kein Leugnen der Gegenwart, sondern eine Hoffnung für die Zukunft sind. Während Sie Ihnen erlauben, Ihr Bewusstsein zu durchdringen, werden sie immer glaubhafter, bis sie schließlich für Sie Wirklichkeit werden können.«

Spiegelarbeit

Spiegelarbeit ist ein anderes wertvolles Instrument. Spiegel reflektieren die Gefühle, die wir für uns selbst haben. Sie zeigen uns deutlich die Bereiche, die wir verändern müssen, wenn wir uns ein frohes, erfülltes Leben wünschen.

Ich rate den Menschen, sich selbst in die Augen zu blicken und etwas Positives über sich zu sagen, jedes Mal, wenn sie an einem Spiegel vorbeigehen. Affirmationen sind am wirkungsvollsten, wenn man in den Spiegel schaut und sie dabei laut ausspricht. Sie werden sich dabei des inneren Widerstandes sofort bewusst und können ihn rascher überwinden.

Halten Sie einen Handspiegel bereit, während Sie dieses Buch lesen. Für einige der tiefer gehenden Übungen sollten Sie einen größeren Spiegel benutzen.

Visualisierungen

Bei einer Visualisierung benutzt man die Vorstellungskraft, um ein gewünschtes Ziel zu erreichen. Einfach ausgedrückt, man sieht, was man sich wünscht, bevor es tatsächlich geschieht.

Wenn Sie sich beispielsweise ein neues Zuhause wünschen, sollten Sie sich das gewünschte Haus oder die Wohnung bildlich vorstellen, und zwar möglichst in allen Einzelheiten. Sehen Sie es so vor sich, als ob es bereits Wirklichkeit wäre. Bejahen Sie, dass Sie dieses Zuhause verdienen. Stellen Sie sich vor, wie Sie in Ihrem neuen Heim Ihrer täglichen Arbeit nachgehen. Stellen Sie sich das alles so klar wie möglich vor, in dem Bewusstsein, dass es keine falsche Art zu visualisieren gibt. Praktizieren Sie Ihre Visualisierung häufig, überlassen Sie es dem Universalen Geist, die Resultate hervorzubringen, und bitten Sie um Ihr höchstes Gutes. In Verbindung mit positiven Affirmationen ist die Visualisierung eine höchst wirksame Methode.

Selbstwertgefühl

Manchmal unternehmen wir keinerlei Anstrengung, für uns selbst ein gutes Leben zu erschaffen, weil wir glauben, dass wir das nicht wert sind, dass wir es nicht verdienen. Der Glaube, dass wir etwas nicht verdienen, kann aus Erfahrungen in der frühen Kindheit herrühren. Vielleicht sagte man uns, dass wir nicht bekommen könnten, was wir uns wünschten, wenn wir nicht unseren Teller leer aßen, unser Zimmer sauber machten oder unsere Spielsachen wegräumten. Wir übernahmen also die Ansichten einer anderen Person, die nichts mit unserer eigenen Wirklichkeit zu tun hatten.

Dass es uns gut geht, hat nichts damit zu tun, ob wir es verdienen. Unsere fehlende Bereitschaft, das Gute anzunehmen, ist es, die uns im Weg steht. Gestatten Sie sich, das Gute anzunehmen, ganz gleich, ob Sie denken, dass Sie es verdienen, oder nicht.

ÜBUNG: SELBSTWERTGEFÜHL

Beantworten Sie die folgenden Fragen so gut es geht. Sie werden Ihnen dabei helfen, die Bedeutung des Selbstwertgefühls zu verstehen.

1. **Zählen Sie auf, was Sie sich wünschen, aber gegenwärtig nicht haben.**
   Drücken Sie sich dabei klar und genau aus.

2. **Welche Vorschriften/Regeln gab es bei Ihnen zu Hause bezüglich des Selbstwertgefühls?**
   Was wurde Ihnen gesagt? »Das bist du nicht wert«, oder: »Dafür verdienst du eine saftige Ohrfeige«? Hatten Ihre Eltern ein gutes Selbstwertgefühl? Mussten Sie sich etwas Gutes immer erst verdienen? Gelang Ihnen das? Wurden Ihnen Dinge weggenommen, wenn Sie etwas falsch gemacht hatten?

3. Glauben Sie, dass Sie es wert sind, dass Ihnen Gutes widerfährt? Welches Bild steigt dabei in Ihnen auf? »Später, wenn ich es mir verdient habe?« »Ich muss erst dafür arbeiten?« Sind Sie gut genug? Werden Sie jemals gut genug sein?

4. Verdienen Sie es, zu leben? Warum? Warum nicht? Hat man Ihnen schon einmal gesagt: »Du verdienst es, zu sterben?« Wenn ja, war das Teil Ihrer religiösen Erziehung?

5. Wozu leben Sie? Was ist Ihr Lebensziel? Welchen Sinn sehen Sie in Ihrem Leben? Freuen Sie sich am Morgen auf den neuen Tag?

6. Gibt es jemanden, dem Sie vergeben sollten?
Bitterkeit verschließt unser Herz, und dann fällt es uns schwer, Gutes anzunehmen.

7. **Was verdienen Sie?**
»Ich verdiene Liebe und Freude und alles Gute.« Oder fühlen Sie tief innen, dass Sie nichts verdienen? Warum? Woher kommt diese Botschaft? Sind Sie bereit, sie loszulassen? Was möchten Sie an ihre Stelle setzen? Denken Sie daran, es handelt sich um Gedanken, und Gedanken lassen sich verändern.

Wie Sie sehen, beeinflusst unser Selbstwertgefühl unsere persönliche Kraft. Probieren Sie die folgende Behandlung aus. Solche Behandlungen sind positive Aussagen, die in jeder erdenklichen Situation getroffen werden können, um neue Denkmuster zu schaffen und alte aufzulösen.

Selbstwert-Behandlung

»Ich bin wertvoll. Ich verdiene alles Gute. Nicht etwas, nicht ein kleines bisschen, sondern alles Gute. Ich löse mich jetzt von allen negativen, einschränkenden Gedanken. Ich lasse die Begrenzung durch meine Eltern los. Ich liebe sie, und ich gehe meinen eigenen Weg. Ich bin nicht ihre negativen Meinungen und einschränkenden Vorstellungen. Ich bin nicht an die Ängste und Vorurteile der Gesellschaft gebunden, in der ich lebe. Ich identifiziere mich nicht länger mit Einschränkungen irgendwelcher Art.

In meinem Geist habe ich völlige Freiheit. Ich bewege mich jetzt in einen neuen Raum des Bewusstseins, wo ich bereit bin, mich selbst anders zu sehen. Ich bin bereit, neue Gedanken über mich und mein Leben zu erschaffen. Mein neues Denken wird zu neuen Erfahrungen.

Ich weiß jetzt und bejahe, dass ich eins mit der Universalen Kraft bin, die alles gedeihen lässt. Daher gedeihe ich jetzt auf vielfältige Weise. Die Gesamtheit der Möglichkeiten liegt vor mir. Ich verdiene zu leben, ein gutes Leben. Ich verdiene Liebe, Liebe in ihrer ganzen Fülle. Ich verdiene gute Gesundheit. Ich verdiene Freude und Glück. Ich verdiene die Freiheit, alles zu sein, was ich sein kann. Ich verdiene mehr als das. Ich verdiene alles Gute.

Das Universum ist mehr als bereit, meine neuen Glaubenssätze zu manifestieren. Dies ist die Wahrheit meines Seins, die ich uneingeschränkt akzeptiere. Alles ist gut in meiner Welt.

Ich liebe und achte mich
Der Kraftpunkt liegt immer in der Gegenwart
Ich bin verantwortlich für meine Erfahrungen
Meine Gedanken erschaffen meine Zukunft

Kapitel Zwei

GLAUBENSSÄTZE

»Ich betrachte mich mit den Augen der Liebe, und ich bin geborgen.«

In diesem Abschnitt wollen wir uns mit uns selbst und unseren Glaubenssätzen befassen. Wir alle glauben viele positive Dinge. Dabei sollten wir bleiben. Doch viele unserer Glaubenssätze sind auch negativ und tragen zu negativen Erfahrungen bei. Solche einschränkenden Glaubenssätze können wir erst ändern, wenn wir sie erkennen.

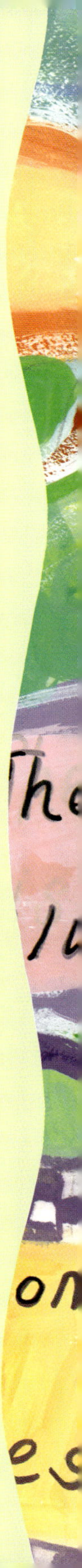

Schauen Sie sich die nachfolgenden Begriffe an und notieren Sie alle positiven oder negativen Glaubenssätze, die Sie damit verbinden. Zum Beispiel:

Männer …

… sind überlegen	oder	… unterstützend
… kommandieren gern herum	oder	… sind liebevoll
… sind untreu	oder	… achten Frauen

Frauen …

… werden schlechter bezahlt	oder	… sind stark
… müssen die Hausarbeit machen	oder	… verdienen Erfolg
… müssen Männern gehorchen	oder	… sind einfach wunderbar

Liebe …

… ist nur ein Traum	oder	… steht mir zu
… ist nur etwas für Jüngere	oder	… kann sich in jedem Alter ereignen
… bedeutet Verlust und gebrochene Herzen	oder	… ist ein wunderbarer Bestandteil des Lebens

Sex …

… ist schmutzig	oder	… ist natürlich und gesund
… ist nur in der Ehe erlaubt	oder	… ist ein Geschenk zwischen zwei Menschen
… ist schmerzhaft	oder	… ist angenehm

Arbeit …

… ist langweilig	oder	… ist erfüllend und sinnvoll
… ist eine lästige Notwendigkeit	oder	… ist eine tägliche Freude
… wird schlecht bezahlt	oder	… führt zu Wohlstand

Geld …

… ist immer knapp	oder	… ist immer reichlich vorhanden
… verdirbt den Charakter	oder	… ermöglicht ein schönes Leben
… führt zu Verschuldung	oder	… sorgt für Sicherheit

Erfolg …

… ist unerreichbar	oder	… steht mir zu
… haben nur die Reichen	oder	… ist für alle möglich
… haben immer nur die anderen	oder	… ist Teil meines Lebens

Misserfolg …

… ist unakzeptabel	oder	… kommt eben manchmal vor
… beweist, dass ich immer alles falsch mache	oder	… ist ein normaler Bestandteil des Lebens
… ist zu erwarten	oder	… kann eine wertvolle Lernerfahrung sein

Gott …

… bestraft uns für unsere Sünden	oder	… liebt uns jederzeit
… macht mir Angst	oder	… akzeptiert mich, wie ich bin
… verurteilt uns	oder	… unterstützt mich in allem, was ich tue

Nun sind Sie an der Reihe. Welche Ihrer Glaubenssätze kommen Ihnen im Zusammenhang mit den nachfolgenden Begriffen in den Sinn? Fügen Sie weitere Lebensbereiche hinzu, in denen Sie ebenfalls Probleme haben. Machen Sie die Liste so umfangreich, wie es Ihnen notwendig erscheint. Schreiben Sie alles auf – Ihre positiven ebenso wie Ihre negativen Glaubenssätze –, damit Sie die Strukturen Ihres Denkens klar erkennen. Es handelt sich dabei um die inneren, unterbewussten Regeln, nach denen Sie leben. Positive Veränderungen können Sie nur herbeiführen, wenn Sie sich über Ihre Glaubenssätze klar geworden sind.

Männer ...

Frauen …

Liebe …

Sex …

Arbeit …

Geld …

Erfolg …

Misserfolg ...

Gott ...

Wenn die Liste einigermaßen komplett ist, lesen Sie sie sich noch einmal durch. Markieren Sie jeden Glaubenssatz, der aufbauend und positiv ist, mit einem Stern (☆). Diese Glaubenssätze sollten Sie beibehalten und bewusst verstärken. Markieren Sie alle Glaubenssätze, die negativ sind und Sie bei der Verwirklichung Ihrer Ziele behindern, mit einem Häkchen (✔). Diese Glaubenssätze hindern Sie daran, Ihr volles Potenzial zu leben. Sie sollten sie unbedingt löschen, fallen lassen oder umprogrammieren.

Schauen Sie sich die problematischen Lebensbereiche noch einmal an. Erkennen Sie widersprüchliche Glaubenssätze? Wie viele Ihrer Antworten waren negativ? Möchten Sie Ihr Leben wirklich weiterhin auf diese Überzeugungen gründen? Diese Ideen sind Ihnen irgendwann von anderen Menschen vermittelt worden. Nun, da Sie sich ihrer bewusst geworden sind, können Sie sich auch bewusst davon trennen. Dabei geht es nicht darum, uns selbst zu verurteilen. Wir entdecken lediglich die Barrieren, die uns bei der Entfaltung unseres Potenzials im Weg stehen. Ohne uns in Selbstvorwürfen zu ergehen, eliminieren wir diese Barrieren und führen positive Veränderungen herbei. Ja, viele dieser Barrieren sind Dinge, die wir in der Kindheit gelernt haben. Doch heute, als Erwachsene, können wir durchaus umdenken und Neues lernen.

Ich liebe und achte mich

ÜBUNG: IHRE GESCHICHTE

Das könnte jetzt der richtige Augenblick sein, eine kurze Geschichte über Ihr Leben zu schreiben. Beginnen Sie mit Ihrer Kindheit. Nehmen Sie zusätzlich Schreibpapier, falls nötig.

Welche negativen Glaubenssätze könnten noch in Ihrem Unterbewusstsein herumspuken? Erlauben Sie es ihnen, an die Oberfläche zu steigen. Möglicherweise sind Sie überrascht, was Sie dabei alles entdecken. Wie viele negative Botschaften haben Sie bemerkt, als Sie Ihre Geschichte aufschrieben? Jeder negative Glaubenssatz, der ans Licht kommt, ist ein Schatz. »Aha! Ich habe dich gefunden. Du bist es also, der mir diesen ganzen Ärger eingebrockt hat. Jetzt kann ich dich beseitigen.«

Bei dieser Gelegenheit können Sie einmal Ihren Handspiegel nehmen, sich in die Augen blicken und Ihre ›Bereitschaft‹ bejahen, alle diese alten negativen Botschaften und Glaubenssätze loszulassen. Atmen Sie dabei tief durch, und sagen Sie, wenn möglich, laut: *»Ich bin bereit, alle alten negativen Auffassungen und Glaubenssätze, die mich nicht länger nähren, loszulassen.«* Wiederholen Sie das mehrfach.

Das innere Kind

Viele von uns tragen in ihrer Psyche ein inneres Kind mit sich herum, das verloren und einsam ist und sich sehr zurückgewiesen fühlt. Möglicherweise bestand unsere einzige Verbindung mit unserem inneren Kind für lange Zeit darin, dass wir es gescholten und kritisiert haben. Und dann wundern wir uns, dass wir unglücklich sind. Wir können nicht einen Teil von uns ablehnen und trotzdem innerlich in Harmonie sein. Ein Teil der Heilung besteht darin, dass wir alle Teile unseres Selbst zusammenführen, damit wir ganz und vollständig sind. Arbeiten wir jetzt einmal etwas daran, diese abgelehnten Persönlichkeitsteile wieder einzugliedern.

Ein Foto finden

Suchen Sie ein Foto aus Ihrer Kindheit. Wenn Sie selbst keines besitzen, bitten Sie Ihre Eltern, Ihnen eines zu geben. Betrachten Sie dieses Bild aufmerksam. Was sehen Sie? Es kann Freude sein, Schmerz, Sorge, Wut oder Furcht. Lieben Sie dieses Kind? Haben Sie einen Bezug zu ihm? Ich nahm ein kleines Foto von mir im Alter von fünf Jahren und ließ es auf 36 x 45 vergrößern, damit ich mein kleines Mädchen auch wirklich sehen konnte.

Schreiben Sie in paar Worte über Ihr inneres Kind.

Zeichnen Sie ein Bild

Nehmen Sie mehrere Zeichenkreiden, Filzstifte oder Buntstifte. Sie können die Seite hier im Buch oder ein eigenes, größeres Blatt verwenden. Benutzen Sie Ihre nicht-dominante Hand (die Hand, mit der Sie nicht schreiben), und zeichnen Sie ein Bild von sich als Kind.

MEIN BILD ALS KIND

Was verrät Ihnen dieses Bild? Welche Farben haben Sie benutzt? Womit ist das Kind auf dem Bild gerade beschäftigt? Beschreiben Sie Ihr Bild.

Sprechen Sie mit Ihrem inneren Kind

Nehmen Sie sich jetzt etwas Zeit, um mit Ihrem inneren Kind zu sprechen. Stellen Sie ihm Fragen.

1. **Was magst du gerne?**

2. Was magst du nicht?

3. Wovor fürchtest du dich?

4. Wie fühlst du dich?

5. Was brauchst du?

6. Was kann ich tun, damit du dich sicher fühlst?

7. Wie kann ich dich glücklich machen?

Führen Sie ein intensives Gespräch mit Ihrem inneren Kind. Seien Sie für dieses Kind da. Umarmen Sie es und lieben Sie es, und gehen Sie so gut wie möglich auf seine Bedürfnisse ein. Zeigen Sie ihm, dass Sie immer für es da sind, was auch geschieht. Sie können damit beginnen, eine glückliche Kindheit zu erschaffen. Diese Übung funktioniert am besten, wenn Sie dabei die Augen schließen.

Kraftpunkte

»Ich glaube an meine Kraft, mich zu verändern.«

Dieser kleine Abschnitt ist vielleicht der wichtigste des Buches. Nehmen Sie immer wieder auf ihn Bezug, wenn Sie die verschiedenen Bereiche Ihres Lebens erforschen. Fertigen Sie mehrere Listen der folgenden sieben Punkte an. Bringen Sie diese Listen an Stellen an, wo Sie sie häufig sehen können. Lesen Sie sie oft. Prägen Sie sie sich ein. Wenn diese Ideen Teil Ihres Glaubenssystems werden, werden Sie eine neue Lebensperspektive gewinnen.

KRAFTPUNKTE

1. Wir alle sind für unsere Erfahrungen selbst verantwortlich.
2. Jeder Gedanke, den wir denken, erschafft unsere Zukunft.
3. Uns allen machen die schädlichen Muster von Groll, Kritik, Schuldgefühlen und Selbsthass zu schaffen.
4. Das sind nur Gedanken, und Gedanken lassen sich ändern.
5. Es ist notwendig, dass wir die Vergangenheit loslassen und allen Menschen vergeben.
6. Selbst-Achtung und Selbst-Annahme im ›Jetzt‹ sind die Schlüssel zu positiver Veränderung.
7. Der Kraftpunkt liegt immer im gegenwärtigen Augenblick.

Während Sie sich mit den Übungen dieses Buches befassen, sollten Sie immer auf diese sieben Punkte zurückkommen. Beschäftigen Sie sich nicht nur mit Ihren speziellen Problemen. Wenn Sie diese Ideen wirklich akzeptieren und in Ihr Glaubenssystem integrieren, werden Sie dadurch stark, und die Probleme lösen sich oft von allein. Es kommt darauf an, dass Sie Ihren Glauben über sich und die Welt, in der Sie leben, verändern.

Nicht die Menschen, Orte und Dinge sind es, die Ihnen Probleme bereiten, sondern die Art und Weise, wie Sie diese Lebenserfahrungen wahrnehmen und auf sie reagieren. Übernehmen Sie die Verantwortung für Ihr Leben. Geben Sie Ihre Macht nicht an andere Menschen oder äußere Umstände ab. Lernen Sie, Ihr inneres, spirituelles Selbst besser zu verstehen, und leben Sie aus jener Kraft heraus, die nur Gutes für Sie bewirkt hat.

»Ich gebe mir die Erlaubnis zu lernen.«

Teil 2
DER LERNPROZESS

Kapitel Drei

GESUNDHEIT

»Ich stelle die völlige Gesundheit meines Körpers wieder her und erhalte sie.«

Gesundheits-Checkliste

☐ Ich bekomme drei Erkältungen im Jahr.

☐ Mein Energie-Niveau ist niedrig.

☐ Wunden und Krankheiten heilen bei mir nur langsam.

☐ Meine Allergien machen sich ständig bemerkbar.

☐ Herzerkrankungen sind in meiner Familie häufig.

☐ Ich bekomme eine Krankheit nach der anderen.

☐ Ich habe ständig Rückenschmerzen.

☐ Diese Kopfschmerzen wollen einfach nicht besser werden.

☐ Ich habe ständig Verstopfung.

☐ Meine Füße tun weh.

☐ Ich ziehe mir andauernd irgendwelche Verletzungen zu.

Ihr Körper strebt *immer* nach optimaler Gesundheit, wie schlecht Sie ihn auch behandeln. Wenn Sie gut für ihn sorgen, belohnt er Sie mit blühender Gesundheit und Vitalität.

Ich glaube, dass wir zu jeder ›Krankheit‹ unseres Körpers beitragen. Der Körper ist, wie alles andere im Leben, ein Spiegel unserer Gedanken und Glaubenssätze. Unser Körper spricht ständig zu uns, wenn wir uns nur die Zeit nehmen, ihm zuzuhören. Jede Zelle in unserem Körper reagiert auf jeden einzelnen Gedanken, den wir denken.

Wenn wir das geistige Muster hinter einer Krankheit herausfinden, haben wir eine Möglichkeit, dieses Muster, und damit auch das körperliche Un-wohl-sein zu beeinflussen. Bewusst wollen die meisten Menschen natürlich nicht krank sein, und doch ist jede Krankheit, jedes Un-wohl-sein, ein Lehrer. Mit der Krankheit will unser Körper uns sagen, dass es in unserem Bewusstsein eine falsche Idee gibt. Etwas, das wir glauben, sagen, tun oder denken, dient nicht unserem höchsten Guten. Ich stelle mir das immer so vor, dass der Körper uns rüttelt und sagt: »Bitte – pass auf!«

Manchmal *wollen* Menschen krank sein. In unserer Gesellschaft haben wir Krankheit zu einem legitimen Weg gemacht, um einer großen Verantwortung oder einer unangenehmen Situation auszuweichen. Wenn wir nicht lernen, Nein zu sagen, dann erfinden wir stattdessen vielleicht eine Krankheit, die das Neinsagen für uns übernimmt.

Vor ein paar Jahren las ich einen interessanten Artikel, in dem es hieß, dass nur 30 Prozent der Patienten sich an die Anweisungen ihres Arztes halten. Laut Dr. John Harrison, dem Autor des faszinierenden Buches *Liebe deine Krankheit, sie hält dich gesund* gehen viele Menschen nur zum Arzt, um ihre akuten Symptome lindern zu lassen, damit sie ihre Krankheit ertragen können. Zwischen Arzt und Patient scheint eine geheime, unbewusste Übereinkunft zu existieren: Der Arzt willigt ein, den Patienten nicht zu heilen, wenn dieser vorgibt, etwas gegen sein Leiden zu tun. Außerdem gehört es zu dieser Übereinkunft, dass die eine Partei zahlt und die andere zu einer Autoritätsperson wird, sodass beide Parteien zufrieden sind.

Wahre Heilung schließt Körper, Seele und Geist ein. Wenn wir eine Krankheit ›kurieren‹, ohne die emotionalen und spirituellen Probleme zu beachten, die mit dieser Krankheit verknüpft sind, dann wird sie sich meines Erachtens bald erneut einstellen.

ÜBUNG: GESUNDHEITS-PROBLEME LOSLASSEN

Sind Sie bereit, das Bedürfnis zu erlösen, das zu Ihren Gesundheitsproblemen beigetragen hat? Auch hier gilt wieder, dass wir, wenn wir einen Zustand zu ändern wünschen, dies zuerst einmal sagen müssen. Sagen Sie: *»Ich bin bereit, das Bedürfnis in mir zu erlösen, das diesen Zustand hervorgerufen hat.«* Wiederholen Sie das. Sagen Sie es, während Sie in einen Spiegel schauen. Sagen Sie es jedes Mal, wenn Sie über Ihren Zustand nachdenken. Das ist der erste Schritt, um eine Veränderung zu bewirken.

1. **Listen Sie alle Krankheiten Ihrer Mutter auf.**

____

____

____

____

____

2. Listen Sie alle Krankheiten Ihres Vaters auf.

3. Listen Sie alle Ihre Krankheiten auf.

4. Sehen Sie einen Zusammenhang?

ÜBUNG: GESUNDHEIT UND KRANKHEIT

Betrachten wir einmal einige Ihrer Glaubenssätze über Gesundheit und Krankheit. Beantworten Sie die folgenden Fragen. Seien Sie dabei so offen und ehrlich wie möglich.

1. **An welche Ihrer Kinderkrankheiten können Sie sich noch gut erinnern?**

2. **Was haben Sie von Ihren Eltern über Krankheit gelernt?**

3. Was hat Ihnen, wenn überhaupt, als Kind daran gefallen, krank zu sein?

4. Gibt es einen Glaubenssatz aus Ihrer Kindheit über Krankheit, nach dem Sie sich heute noch richten?

5. Wie haben Sie zu Ihrem Gesundheitszustand beigetragen?

6. Möchten Sie, dass sich Ihr Zustand verändert? Wenn ja, in welcher Weise?

ÜBUNG: IHRE GLAUBENSSÄTZE ÜBER KRANKHEIT

Vervollständigen Sie die folgenden Aussagen so ehrlich es Ihnen möglich ist.

1. **Ich mache mich selbst krank, indem ich …**

2. **Ich werde krank, wenn ich versuche, Folgendes zu vermeiden:**

3. Wenn ich krank werde, will ich immer …

4. Wenn ich als Kind krank war, hat meine Mutter immer …

5. Wenn ich krank bin, ist meine größte Angst …

ÜBUNG: DIE WIRKSAMKEIT VON AFFIRMATIONEN

Entdecken wir gemeinsam die Wirksamkeit von geschriebenen Affirmationen! Eine Affirmation aufzuschreiben kann ihre Wirksamkeit steigern. Schreiben Sie in die nachstehenden Leerzeilen fünfundzwanzigmal eine positive Affirmation bezüglich Ihrer Gesundheit. Sie können sich selbst eine ausdenken oder eine der folgenden benutzen:

1. Meine Heilung ist bereits im Gang.
2. Ich höre mit Liebe auf die Botschaften meines Körpers.
3. Meine Gesundheit ist jetzt blühend, strahlend und dynamisch.
4. Ich bin dankbar für meine vollkommene Gesundheit.
5. Ich verdiene gute Gesundheit.

1. ______________________________

2. ______________________________

3. ______________________________

4. ______________________________

5. ______________________________

6. ______________________________

7. ______________________________

8. ______________________________

9. ______________________________

10. ______________________________

11. ______________________________

12. ______________________________

13. ______________________________

14. ______________________________

15. ______________________________

16. ______________________________

17. ______________________________

18. ______________________________

19. ______________________________

20. ______________________________

21. ______________________________

22. ______________________________

23. ______________________________

24. ______________________________

25. ______________________________

ÜBUNG: SELBST-WERT

Betrachten wir jetzt einmal das Problem des Selbst-Wertes. Beantworten Sie die folgenden Fragen, und denken Sie sich zu jeder eine positive Affirmation aus.

1. **Verdiene ich gute Gesundheit?**

   Beispiel: *Nein. In meiner Familie sind alle oft krank.*

   Affirmations-Beispiel: *Ich akzeptiere und verdiene jetzt vollkommene Gesundheit.*

   Ihre Antwort:

   ____

   ____

   Ihre Affirmation:

   ____

   ____

2. **Wovor habe ich auf meine Gesundheit bezogen am meisten Angst?**

Beispiel: *Ich habe Angst davor, dass ich krank werde und sterbe.*

Affirmations-Beispiel: *Ich fühle mich jetzt sicher und gut. Ich werde stets geliebt.*

Ihre Antwort:

____

____

Ihre Affirmation:

____

____

3. **Was ›habe‹ ich von diesem Glaubenssatz?**

Beispiel: *Ich brauche keine Verantwortung zu übernehmen.*

Affirmations-Beispiel: *Ich bin sicher und voller Vertrauen. Das Leben ist leicht für mich.*

Ihre Antwort:

____

____

Ihre Affirmation:

____

____

4. **Was könnte geschehen, wenn ich diesen Glaubenssatz aufgebe?**

   Beispiel: *Ich müsste erwachsen werden.*

   Affirmations-Beispiel: *Erwachsensein bedeutet Sicherheit.*

   Ihre Antwort:

   ____

   ____

   Ihre Affirmation:

   ____

   ____

Schauen Sie sich noch einmal die Gesundheits-Checkliste am Anfang des Kapitels an, und lesen Sie dann die Affirmationen zu dem jeweiligen Glaubenssatz. Machen Sie diese Affirmationen zu einem festen Teil Ihres Tagesablaufs. Wiederholen Sie sie oft im Auto, bei der Arbeit, vor dem Spiegel oder wann immer Ihre negativen Glaubenssätze in Ihr Bewusstsein dringen.

Wenn Sie glauben:	Benutzen Sie die Affirmation:
Ich bekomme drei Erkältungen im Jahr.	*Ich bin immer geborgen und sicher. Liebe umgibt und schützt mich.*
Mein Energie-Niveau ist niedrig.	*Energie und Enthusiasmus erfüllen mich.*
Wunden und Krankheiten heilen bei mir nur langsam.	*Mein Körper wird rasch wieder gesund.*
Meine Allergien machen sich ständig bemerkbar.	*Die Welt ist sicher. Ich bin sicher. Ich bin in Frieden mit dem Leben.*
Herzerkrankungen sind in meiner Familie häufig.	*Ich bin heil und gesund.*
Ich bekomme eine Krankheit nach der anderen.	*Gute Gesundheit ist jetzt mein. Ich lasse die Vergangenheit los.*
Ich habe ständig Rückenschmerzen.	*Das Leben liebt und trägt mich. Ich bin geborgen.*
Diese Kopfschmerzen wollen einfach nicht besser werden.	*In meinem Bewusstsein herrscht Frieden, und alles ist gut.*
Ich habe ständig Verstopfung.	*Ich lasse das Leben frei durch mich fließen.*
Meine Füße tun weh.	*Ich bin bereit, mit Leichtigkeit voranzuschreiten.*
Ich ziehe mir andauernd irgendwelche Verletzungen zu.	*Ich gehe sanft mit meinem Körper um. Ich liebe mich.*

»Ich gebe mir die Erlaubnis, gesund zu sein.«

Gesundheits-Meditation

Ich bin eins mit dem Leben, und das Leben liebt mich und unterstützt mich. Daher beanspruche ich für mich jetzt vollkommene, blühende Gesundheit. Mein Körper weiß, wie er sich gesund erhalten kann. Ich unterstütze ihn jetzt, indem ich mich gesund ernähre und für genügend Bewegung sorge, die mir Spaß macht. Mein Körper liebt mich, und ich liebe und achte meinen kostbaren Körper. Ich bin nicht wie meine Eltern und entscheide mich nicht dafür, deren Krankheiten erneut zu erschaffen. Ich bin mein eigenes, einzigartiges Selbst und führe ein glückliches, gesundes und erfülltes Leben. Das ist die Wahrheit meines Seins, die ich voll und ganz akzeptiere. Alles ist gut in meinem Körper.

Kapitel Vier

ÄNGSTE UND PHOBIEN

*»Ängste sind nur Gedanken,
und Gedanken kann man loslassen.«*

Checkliste Ängste und Phobien

- ☐ Ich fürchte mich davor, das Haus zu verlassen.
- ☐ Mit hilft gar nichts.
- ☐ Das Älterwerden macht mir Angst.
- ☐ Ich habe Flugangst.
- ☐ Die Menschen machen mir Angst.
- ☐ Was ist, wenn ich obdachlos werde?
- ☐ In einem Auto bekomme ich Platzangst.
- ☐ Was ist, wenn ich einen qualvollen Tod sterbe?
- ☐ Ich fürchte mich davor, allein zu sein.
- ☐ Ich werde mich niemals mit dem Alter abfinden können.

Ich glaube, dass wir in jeder Situation die Wahl zwischen Liebe und Angst haben. Wir erfahren die Angst vor Veränderungen, die Angst davor, uns nicht zu verändern, die Angst vor der Zukunft und die Angst davor, eine Chance zu nutzen. Wir fürchten uns vor Nähe, und wir fürchten das Alleinsein. Wir fürchten uns davor, andere Menschen wissen zu lassen, welche Bedürfnisse wir haben und wer wir sind, und wir fürchten uns davor, die Vergangenheit loszulassen.

Am anderen Ende des Spektrums ist die Liebe. Liebe ist das Wunder, nach dem wir alle suchen. Wenn wir uns selbst lieben, bewirkt das in unserem Leben Wunder. Ich spreche nicht von Eitelkeit und Arroganz, denn das ist keine Selbstliebe, sondern Angst. Ich meine mit Selbstliebe, dass wir uns selbst große Achtung entgegenbringen und dankbar sind für die Wunder unseres Körpers und unseres Geistes.

Denken Sie daran, dass Sie, wenn Sie Angst haben, sich selbst nicht wirklich lieben und vertrauen. Sich nicht ›gut genug‹ zu fühlen, behindert den Entscheidungsprozess. Wie können Sie eine gute Entscheidung treffen, wenn Sie sich Ihrer selbst nicht sicher sind?

In ihrem Buch *Selbstvertrauen gewinnen* schreibt Susan Jeffers: »Wenn wir alle beim Herantasten an etwas völlig Neues in unserem Leben Furcht empfinden, und sich dennoch so viele trotz ihrer Furcht ins Unbekannte hinauswagen, dann müssen wir daraus schließen, dass *die Furcht nicht das Problem ist.*« Weiter schreibt sie, dass die eigentliche Schwierigkeit nicht die Furcht selbst ist, sondern die Art und Weise, wie wir mit ihr umgehen. Wir können uns der Furcht aus einer Position der Stärke oder aber der Hilflosigkeit nähern. Im ersten Fall wird die Furcht an sich belanglos.

Wir erkennen, was wir für das Problem *halten*, und dann finden wir heraus, was das *wirkliche* Problem ist. Das wirkliche Problem ist, sich als nicht ›gut genug‹ zu empfinden, und ein Mangel an Selbst-Liebe.

Emotionale Probleme gehören zum Schmerzhaftesten überhaupt. Wir alle fühlen uns gelegentlich wütend, traurig, einsam, schuldig oder ängstlich. Wenn diese Gefühle überhand nehmen, kann unser Leben sich in ein emotionales Schlachtfeld verwandeln.

Wichtig ist, was wir mit unseren Gefühlen *anfangen*. Werden wir sie in irgendeiner Form ausleben? Werden wir andere Menschen bestrafen oder ihnen unseren Willen aufzwingen? Oder werden wir uns selbst missbrauchen oder misshandeln?

An der Wurzel all dieser Probleme findet sich häufig der Glaube, nicht gut genug zu sein. Gute geistige Gesundheit beginnt damit, Selbstliebe zu praktizieren. Wenn wir uns selbst uneingeschränkt lieben und wertschätzen – unsere guten und unsere so genannten schlechten Seiten –, wird eine Veränderung zum Besseren möglich.

Zur Selbstakzeptanz gehört es, dass wir uns von den Meinungen anderer unabhängig machen. Viel von dem, was wir von uns selbst glauben, entbehrt jeder realen Grundlage.

Beispielsweise kam vor mehreren Jahren, als ich noch persönliche Beratungen durchführte, ein junger Mann namens Eric zu mir. Er war außerordentlich attraktiv und arbeitete sehr erfolgreich als Fotomodell. Er gestand mir, dass es ihn große Überwindung kostete, ins Fitnesscenter zu gehen, weil er sich hässlich fühlte.

Während einer Sitzung erinnerte er sich, dass er als Kind immer von einem Raufbold aus der Nachbarschaft als ›hässlich‹ beschimpft worden war. Dieser Junge verprügelte ihn oft und jagte ihm Angst ein. Um in Ruhe gelassen zu werden und sich sicher zu fühlen, verkroch Eric sich zu Hause. Er glaubte, nicht gut genug zu sein, und hielt sich von da an wirklich für hässlich.

Durch Spiegelarbeit, Selbstliebe und positive Affirmationen machte Eric ausgezeichnete Fortschritte. Sicher wird er noch hin und wieder von seinen alten Ängsten geplagt, aber er hat jetzt ein paar gute Methoden erlernt, dagegen anzugehen.

Minderwertigkeitsgefühle beginnen immer damit, dass wir negativ über uns selbst denken. Doch diese Gedanken gewinnen nur Macht über uns, wenn wir ihnen gemäß handeln. Gedanken sind lediglich aneinander gereihte, für sich selbst unbedeutende Wörter. Erst dadurch, dass Sie sich auf die negativen Botschaften konzentrieren und sich ständig mit ihnen beschäftigen, verleihen Sie ihnen Bedeutung. Es liegt ganz bei Ihnen, ob Sie gut oder schlecht von sich denken.

Auch wenn unsere Lage momentan schwierig erscheint, sollten wir stets Gedanken wählen, die uns inspirieren und unterstützen.

Wir sind immer vollkommen, immer schön und verändern uns ununterbrochen. Wir geben unser Bestes, mit der Einsicht, dem Wissen und der Bewusstheit, die uns gegenwärtig zur Verfügung stehen. Während wir wachsen und uns ständig verändern, entwickelt sich unser ›Bestes‹ ständig weiter.

ÜBUNG: LOSLASSEN

Holen Sie tief Luft, und lassen Sie zu, dass mit dem Ausatmen alle Spannung Ihren Körper verlässt. Lassen Sie Ihre Kopfhaut, Ihre Stirn und Ihr Gesicht sich entspannen. Ihr Kopf braucht nicht angespannt zu sein, wenn Sie lesen. Lassen Sie Ihre Zunge, Ihren Hals und Ihre Schultern sich entspannen. Sie können ein Buch mit entspannten Armen und Händen halten. Tun Sie das jetzt. Lassen Sie Ihren Rücken, Ihren Bauch und Ihr Becken sich entspannen. Lassen Sie Ihren Atem ruhig werden, während Sie Ihre Beine und Füße entspannen.

Haben Sie beim Lesen des vorangegangenen Abschnitts eine Veränderung in Ihrem Körper verspürt? Achten Sie darauf, wie verkrampft Sie sind. Wenn Ihr Körper verkrampft ist, ist auch Ihr Bewusstsein verkrampft.

Sagen Sie sich in dieser entspannten, bequemen Haltung: *»Ich bin bereit loszulassen. Ich lasse los. Ich lasse alle Anspannung los. Ich lasse alle Furcht los. Ich lasse alle Wut los. Ich lasse alle Schuldgefühle los. Ich lasse alle Traurigkeit los. Ich lasse alte Grenzen los. Ich lasse los und bin im Frieden. Ich bin im Frieden mit mir selbst. Ich bin im Frieden mit dem Fluss des Lebens. Ich bin geborgen.«*

Wiederholen Sie diese Übung zwei- oder dreimal. Spüren Sie, wie angenehm es ist loszulassen. Wiederholen Sie es jedes Mal, wenn Schwierigkeiten auftauchen. Es braucht eine gewisse Zeit, bis die Übung ein Teil von Ihnen geworden ist. Wenn Sie einmal mit ihr vertraut sind, können Sie sie jederzeit und an jedem Ort durchführen. Sie werden in jeder Situation in der Lage sein, sich völlig zu entspannen.

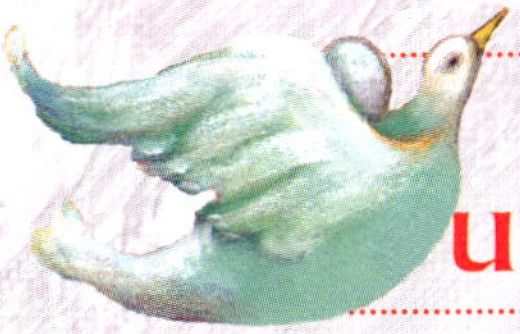

ÜBUNG: ÄNGSTE UND AFFIRMATIONEN

Schreiben Sie zu jedem der unten aufgeführten Bereiche Ihre größte Angst auf. Denken Sie sich dann eine positive Affirmation aus, die zu dieser Angst passt.

1. KARRIERE

Beispiel: *Ich habe Angst, dass nie jemand meinen Wert erkennen wird.*

Affirmations-Beispiel: *An meiner Arbeitsstelle werde ich von allen geschätzt.*

Ihre Angst:

Ihre Affirmation:

2. WOHNSITUATION

Beispiel: *Ich werde nie ein eigenes Haus haben.*

Affirmations-Beispiel: *Es gibt ein perfektes Haus für mich, und ich akzeptiere es jetzt.*

Ihre Angst:

____

____

Ihre Affirmation:

____

____

3. FAMILIÄRE BEZIEHUNGEN

Beispiel: *Meine Eltern akzeptieren mich nicht so, wie ich bin.*

Affirmations-Beispiel: *Ich akzeptiere meine Eltern, und sie akzeptieren und lieben mich.*

Ihre Angst:

____

____

Ihre Affirmation:

____

____

4. GELD

Beispiel: *Ich habe Angst davor, arm zu sein.*

Affirmations-Beispiel: *Ich vertraue darauf, dass alle meine Bedürfnisse erfüllt werden.*

Ihre Angst:

Ihre Affirmation:

5. KÖRPERLICHES ERSCHEINUNGSBILD

Beispiel: *Ich glaube, ich bin dick und unattraktiv.*

Affirmations-Beispiel: *Ich gebe das Bedürfnis auf, meinen Körper zu kritisieren.*

Ihre Angst:

Ihre Affirmation:

6. SEX

Beispiel: *Ich habe Angst davor, dass meine sexuelle ›Leistungsfähigkeit‹ unzureichend ist.*

Affirmations-Beispiel: *Ich bin entspannt und fließe leicht und mühelos mit dem Fluss des Lebens.*

Ihre Angst:

Ihre Affirmation:

7. GESUNDHEIT

Beispiel: *Ich fürchte mich davor, krank zu werden und nicht mehr für mich selbst sorgen zu können.*

Affirmations-Beispiel: *Ich erhalte stets alle Hilfe, die ich brauche.*

Ihre Angst:

Ihre Affirmation:

8. BEZIEHUNGEN

Beispiel: *Ich glaube nicht, dass mich je jemand lieben wird.*

Affirmations-Beispiel: *Liebe und Annahme sind mein. Ich liebe mich selbst.*

Ihre Angst:

____

____

Ihre Affirmation:

____

____

9. ALTER

Beispiel: *Ich habe Angst vor dem Altwerden.*

Affirmations-Beispiel: *Jedes Alter hat seine unbegrenzten Möglichkeiten.*

Ihre Angst:

____

____

Ihre Affirmation:

____

____

10. TOD UND STERBEN

Beispiel: *Was ist, wenn es kein Leben nach dem Tod gibt?*

Affirmations-Beispiel: *Ich vertraue dem Fluss des Lebens. Ich befinde mich auf einer endlosen Reise durch die Ewigkeit.*

Ihre Angst:

____

____

Ihre Affirmation:

____

____

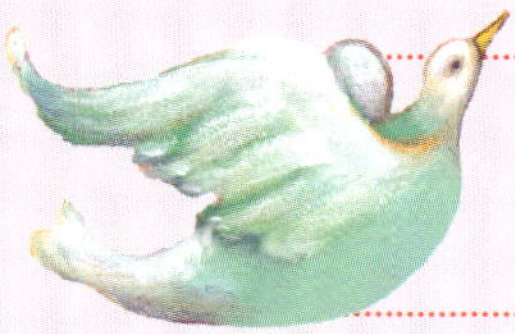

ÜBUNG: POSITIVE AFFIRMATIONEN

Suchen Sie sich aus der letzten Übung einen angstbesetzten Bereich aus, der Sie gegenwärtig besonders beschäftigt. Visualisieren Sie, wie Sie diese Angst erleben, mit positivem Ergebnis. Sehen Sie, wie Sie sich danach frei und ruhig fühlen. Schreiben Sie fünfundzwanzigmal eine positive Affirmation. Denken Sie daran, wie groß die Kraft ist, die Sie sich so nutzbar machen!

1. ______________________________

2. ______________________________

3. ______________________________

4. ______________________________

5. ______________________________

6. ______________________________

7. ______________________________

8. ______________________________

9. ______________________________

10. ______________________________

11. ______________________________

12. ______________________________

13. ______________________________

14. ______________________________

15. ______________________________

16. ______________________________

17. ______________________________

18. ______________________________

19. ______________________________

20. ______________________________

21. ______________________________

22. ______________________________

23. ______________________________

24. ______________________________

25. ______________________________

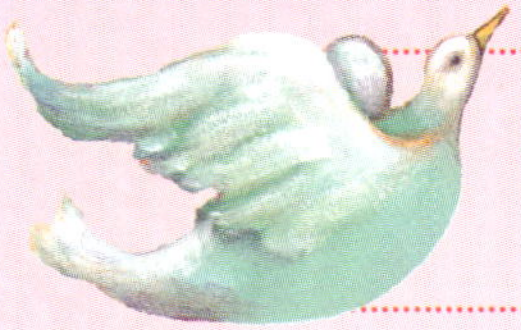

ÜBUNG: SPASS MIT DEM INNEREN KIND HABEN

Wenn Sie durch Besorgtheit oder Furcht blockiert sind, haben Sie vielleicht Ihr inneres Kind im Stich gelassen. Überlegen Sie, wie Sie wieder Kontakt mit Ihrem inneren Kind aufnehmen können. Was könnten Sie einfach nur so zum Spaß tun? Was könnten Sie NUR FÜR SICH tun?

Listen Sie 15 Möglichkeiten auf, mit Ihrem inneren Kind etwas Schönes zu erleben. Vielleicht würden Sie gern gute Bücher lesen, ins Kino gehen, im Garten arbeiten, ein Tagebuch führen oder ein heißes Bad nehmen. Wie wäre es mit ein paar ›kindischen‹ Aktivitäten? Nehmen Sie sich wirklich Zeit, darüber nachzudenken. Sie könnten an den Strand laufen, auf einen Spielplatz gehen und auf einer Schaukel schaukeln, Sie könnten ein Bild malen oder auf einen Baum klettern. Wenn Sie Ihre Liste angefertigt haben, sollten Sie täglich wenigstens einer dieser Aktivitäten nachgehen. Lassen Sie die Heilung beginnen!

1. ______________________________

2. ______________________________

3. ______________________________

4. ______________________________

5. ______________________________

6. ______________________________

7. ______________________________

8. ______________________________

9. ______________________________

10. ______________________________

11. ______________________________

12. ______________________________

13. ______________________________

14. ______________________________

15. ______________________________

Schauen Sie sich an, was Sie alles entdeckt haben! Machen Sie damit weiter – damit können Sie sich und Ihrem inneren Kind so viel Freude machen! Fühlen Sie, wie die Beziehung zwischen Ihnen beiden heilt.

Schauen Sie sich die Checkliste vom Kapitelanfang erneut an. Betrachten Sie dann die entsprechenden Affirmationen. Machen Sie diese Affirmationen zu einem festen Teil Ihres täglichen Lebens. Wiederholen Sie sie häufig im Auto, bei der Arbeit, vor dem Spiegel oder jedes Mal, wenn Ihre negativen Glaubenssätze sich bemerkbar machen.

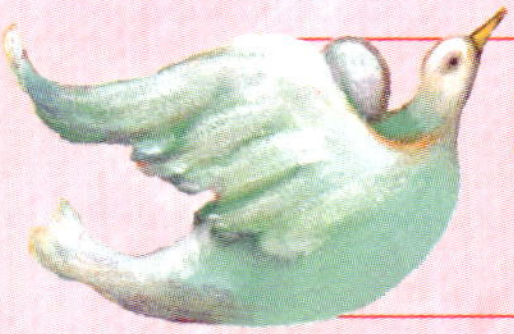

Wenn Sie glauben:	Benutzen Sie die Affirmation:
Ich fürchte mich davor, das Haus zu verlassen.	*Ich bin stets sicher und geborgen.*
Mit hilft gar nichts.	*Ich treffe stets die richtigen Entscheidungen.*
Das Älterwerden macht mir Angst.	*Mein Alter ist vollkommen, und ich genieße jeden neuen Augenblick.*
Ich habe Flugangst.	*Ich ruhe sicher in meiner Mitte und nehme die Vollkommenheit für mein Leben an.*
Die Menschen machen mir Angst.	*Ich bin geliebt und geborgen, wohin ich auch gehe.*
Was ist, wenn ich obdachlos werde?	*Das Universum ist mein Zuhause.*
In einem Auto bekomme ich Platzangst.	*Ich entspanne mich und reise mit Freude, Leichtigkeit und Komfort.*
Was ist, wenn ich einen qualvollen Tod sterbe?	*Ich werde zur rechten Zeit friedlich und auf angenehme Art sterben.*
Ich fürchte mich davor, allein zu sein.	*Ich bringe Liebe zum Ausdruck und werde, wohin ich auch gehe, stets Liebe empfangen.*

»Ich gebe mir die Erlaubnis, im Frieden zu sein.«

Wohlfühl-Meditation

Ich bin eins mit dem Leben, und das Leben liebt und unterstützt mich. Daher beanspruche ich für mich stetiges Wohlbefinden. Ich bin mein eigener bester Freund, und ich genieße mein Leben mit mir. Erfahrungen kommen und gehen, Menschen kommen und gehen, aber ich bin immer für mich da. Ich bin nicht wie meine Eltern und muss ihre unglücklichen Verhaltensmuster nicht übernehmen. Ich entscheide mich bewusst für friedliche, frohe und inspirierende Gedanken. Ich bin einzigartig und gehe auf sichere, angenehme und friedliche Weise durchs Leben. Dies ist die Wahrheit meines Seins. Alles ist gut in meinem Herzen und meinem Geist.

Spaß
Sicherheit
Spiel
Frieden

Kapitel Fünf

KRITIK UND URTEIL

Checkliste Kritik und Urteil

- [ ] Es gibt so viele schlechte Autofahrer.
- [ ] Die Leute hier sind furchtbar dumm.
- [ ] Ich bin ein solcher Dummkopf.
- [ ] Ich würde es tun, wenn ich nicht so dick wäre.
- [ ] Das ist das hässlichste Kleid, das ich je gesehen habe.
- [ ] Sie werden diesen Job nie erledigt bekommen.
- [ ] Ich bin ein solcher Trampel.
- [ ] Meine Nachbarn machen immer solchen Lärm.
- [ ] Niemand fragt mich nach meiner Meinung.
- [ ] Das ist eine schreckliche alte Karre, die sie fährt
- [ ] Ich hasse die Art, wie er lacht.

Hört Ihr innerer Dialog sich so an? Stichelt Ihre innere Stimme ständig? Betrachten Sie die Welt durch kritische Augen? Fällen Sie ständig Urteile? Sind Sie selbstgerecht?

Die meisten von uns sind so sehr daran gewöhnt, zu kritisieren und zu urteilen, dass es uns schwer fällt, diese Gewohnheit zu durchbrechen. Zugleich ist es unser wichtigstes Problem, an dem wir unverzüglich arbeiten sollten. Wir werden nie in der Lage sein, uns selbst zu lieben, solange wir nicht das Bedürfnis überwinden, das Leben zu beurteilen.

Als kleines Kind waren Sie wunderbar offen für das Leben. Voller Staunen betrachteten Sie die Welt. Solange Ihnen nichts Angst einjagte und niemand Ihnen Schaden zufügte, akzeptierten Sie das Leben so, wie es war. Später, als Sie aufwuchsen, fingen Sie an, die Meinungen anderer zu übernehmen und sie sich zu Eigen zu machen. Sie lernten, wie man kritisiert.

ÜBUNG: KRITIK UND VORURTEILE ÜBERWINDEN

Untersuchen wir einmal einige Ihrer Glaubenssätze in puncto Kritik. Seien Sie dabei so ehrlich wie möglich mit sich.

1. **Welches Verhaltensmuster herrschte in Ihrer Familie vor?**

2. **Was haben Sie von Ihrer Mutter über Kritik gelernt?**

3. **Was pflegte Ihre Mutter zu kritisieren?**

4. Wurden Sie von ihr kritisiert? Wenn ja, weswegen?

5. Pflegte Ihr Vater andere zu verurteilen?

6. War er sehr selbstkritisch?

7. Wie hat Ihr Vater über Sie geurteilt?

8. War es in Ihrer Familie üblich, sich gegenseitig zu kritisieren? Wie und wann geschah das?

9. Erinnern Sie sich, bei welchem Anlass Sie zum ersten Mal kritisiert wurden?

10. **Wie hat Ihre Familie über die Nachbarn geurteilt?**

11. **Hatten Sie in der Schule liebevolle, Sie fördernde Lehrer? Oder hielten sie Ihnen stets Ihre Mängel vor? Was genau haben sie zu Ihnen gesagt?**

12. **Erkennen Sie jetzt allmählich, von wem Sie dieses Verhaltensmuster übernommen haben könnten?**
Wer war in Ihrer Kindheit der kritischste Mensch?

Ich glaube, dass Kritik unseren Geist verkümmern lässt. Sie bestärkt uns nur in dem Glauben, dass wir ›nicht gut genug‹ sind. Das bringt ganz gewiss nicht das Beste in uns zum Vorschein.

ÜBUNG: DAS ›DU SOLLST‹ ERSETZEN

Wie ich schon oft gesagt habe, halte ich ›sollen‹ für eines der schädlichsten Worte in unserer Sprache. Jedes Mal, wenn wir es benuzten, sagen wir im Grunde: ›falsch‹. Entweder, wir sind falsch, oder wir waren falsch, oder wir werden falsch sein. Ich würde das Wort ›sollen‹ gern für alle Zeiten aus unserem Vokabular streichen und es durch das Wort ›können‹ ersetzen. ›Können‹ gibt uns die Möglichkeit zu wählen, und dann ist das, was wir tun, niemals falsch. Denken Sie an fünf Dinge, die Sie tun ›sollen‹.

Ich soll:

Ersetzen Sie *sollen* durch *können*.

Ich kann:

Fragen Sie sich nun: »Warum habe ich nicht?« Möglicherweise finden Sie heraus, dass Sie sich selbst jahrelang für etwas gescholten haben, das Sie eigentlich gar nicht tun wollten, oder für etwas, das nie Ihre eigene Idee war. Wie viele ›Ich soll‹ können Sie von Ihrer Liste streichen?

ÜBUNG: IHR KRITISCHES SELBST

Kritik zermürbt Ihren Geist, doch es ändert sich nie etwas durch sie. Lob stärkt den Geist und kann positive Veränderungen bewirken. Schreiben Sie zwei Arten auf, wie Sie sich im Bereich Liebe und Nähe kritisieren. Vielleicht sind Sie nicht in der Lage, anderen Menschen zu sagen, wie Sie sich fühlen oder was Sie brauchen. Vielleicht fürchten Sie sich davor, eine Beziehung einzugehen oder Partner anzuziehen, die Sie verletzen.

Denken Sie dann an eine Situation, in der Sie dieses Verhalten *nicht* an den Tag gelegt haben.

Beispiele:

Ich kritisiere mich dafür, *dass ich mir immer Menschen aussuche, die mir nicht geben können, was ich mir wünsche.*

Ich lobe mich dafür, *dass ich einer Person gesagt habe, dass ich sie mag. Das hat mir Angst gemacht, aber ich habe es trotzdem getan.*

Ich kritisiere mich dafür,

Ich lobe mich dafür,

Glückwunsch! Sie haben soeben mit einer weiteren alten Gewohnheit gebrochen! Sie lernen – jetzt in diesem Moment –, sich selbst zu loben. Und der Kraftpunkt liegt immer im gegenwärtigen Moment.

ÜBUNG: DIE EIGENEN GEFÜHLE ANNEHMEN

Erkennen Sie eines dieser Gefühle wieder? Wut könnte eine Ihrer großen Barrieren sein.

Zunächst ist Wut eine natürliche und normale Emotion. Kleine Kinder werden wütend, drücken ihre Wut aus, und dann ist es wieder gut. Viele von uns haben gelernt, dass es nicht nett ist, nicht höflich oder akzeptabel, wütend zu sein. Wir lernen, unsere Wutgefühle hinunterzuschlucken. Sie setzen sich in unserem Körper, in den Gelenken und Muskeln fest. Sie sammeln sich dort an und verwandeln sich in Groll. Schicht auf Schicht verdrängte, in Groll verwandelte Wut kann Krankheiten wie Arthritis, chronische Schmerzen und sogar Krebs verursachen.

Wir müssen alle unsere Gefühle zur Kenntnis nehmen, auch unsere Wut, und positive Wege finden, diese Gefühle auszudrücken. Es ist nicht nötig, dass wir Menschen schlagen oder beleidigen, aber wir können einfach und deutlich sagen: »Das macht mich wütend«, oder: »Ich bin wütend, weil du das getan hast.« Wenn das der Situation nicht angemessen ist, haben wir immer noch viele andere Möglichkeiten: Wir können in ein Kissen schreien. Auf unser Bett einschlagen. Gegen ein Kissen treten. Rennen. Im Auto bei hochgekurbelten Fenstern laut schreien. Tennis spielen. Das sind alles gesunde Möglichkeiten, sich abzureagieren.

1. Welches Wut-Muster gab es in Ihrer Familie?

____

____

____

2. Wie ist Ihr Vater mit seiner Wut umgegangen?

3. Wie ist Ihre Mutter mit ihrer Wut umgegangen?

4. Wie sind Ihre Brüder oder Schwestern mit ihrer Wut umgegangen?

5. Gab es in Ihrer Familie einen Sündenbock?

6. Wie sind Sie als Kind mit Ihrer Wut umgegangen?

7. Haben Sie Ihren Ärger ausgedrückt oder ihn unterdrückt?

8. Welche Methode haben Sie benutzt, um ihn zu zügeln?

9. Waren Sie:

	Ja	Nein
Ein Vielfraß?	☐	☐
Immer krank?	☐	☐
Anfällig für Unfälle?	☐	☐
Oft in Raufereien verwickelt?	☐	☐
Ein schlechter Schüler?	☐	☐
Stets den Tränen nah?	☐	☐

10. Wie gehen Sie jetzt mit Ihrer Wut um?

____

____

____

____

____

____

11. Erkennen Sie in Ihrer Familie ein gemeinsames Muster?

____

____

____

____

____

12. Welches andere Familienmitglied hatte eine ähnliche Art wie Sie, seine Wut auszudrücken?

13. Haben Sie ein ›Recht‹ darauf, wütend zu sein?

14. Warum nicht? Wer hat Ihnen das gesagt?

15. Gestatten Sie es sich, alle Ihre Gefühle auf angemessene Art auszudrücken?

Damit ein Kind wachsen und gedeihen kann, braucht es Liebe, Annahme und Lob. Man kann uns ›bessere‹ Wege zeigen, eine Sache zu tun, ohne die Art, wie wir es bisher machen, als ›falsch‹ zu verurteilen. Das Kind in uns braucht noch immer diese Liebe und Anerkennung.

»Ich liebe dich und weiß, dass du deine Sache so gut wie möglich machst.«
»So, wie du bist, bist du perfekt.«
»Du wirst von Tag zu Tag wunderbarer.«
»Ich halte viel von dir.«
»Lass uns einmal gemeinsam überlegen, ob wir nicht einen besseren Weg finden, diese Arbeit zu tun.«
»Zu wachsen und sich zu verändern macht Spaß, und wir können es gemeinsam tun.«

Solche Worte möchten Kinder gern hören. Dann fühlen sie sich gut. Wenn sie sich gut fühlen, geben sie ihr Bestes. Sie entfalten sich auf wunderschöne Weise.

Wenn Ihr inneres Kind daran gewöhnt ist, ständig alles ›falsch‹ zu machen, dann wird es eine gewisse Zeit brauchen, bis es die neuen, positiven Worte akzeptiert. Wenn Sie den festen Entschluss fassen, mit dem Kritisieren aufzuhören, und beharrlich bleiben, können Sie Wunder bewirken.

Nehmen Sie sich einen Monat Zeit, mit Ihrem inneren Kind auf positive Art zu sprechen. Verwenden Sie die oben aufgeführten Affirmationen. Machen Sie sich eine Liste mit eigenen Affirmationen. Tragen Sie sie stets bei sich. Wenn Sie merken, dass Sie kritisieren oder verurteilen, nehmen Sie die Liste und lesen Sie sie zwei- oder dreimal. Noch besser ist es, wenn Sie laut vor dem Spiegel lesen.

ÜBUNG: SICH SELBST ZUHÖREN

Für diese Übung brauchen Sie einen Kassettenrekorder. Stellen Sie den Rekorder neben das Telefon. Nehmen Sie für etwa eine Woche Ihre Telefonate auf Band auf – nur Ihre Stimme, nicht am Gerät anschließen. Wenn beide Seiten der Kassette bespielt sind, setzen Sie sich hin und hören es sich an. Achten Sie nicht nur darauf, *was* Sie sagen, sondern auch, *wie* Sie es sagen. Was sind Ihre Glaubenssätze? Wen oder was kritisieren Sie? Kommt es vor, dass Sie dabei wie Ihr Vater oder Ihre Mutter klingen?

Wenn Sie aufhören, sich selbst ständig zu kritisieren, werden Sie bemerken, dass Sie auch andere Menschen nicht mehr so oft kritisieren.

Wenn Sie es sich selbst gestatten, Sie selbst zu sein, erlauben Sie ganz automatisch auch anderen, sie selbst zu sein. Ihre kleinen Angewohnheiten regen Sie nicht mehr so auf. Sie haben nicht mehr das Bedürfnis, die anderen so umformen zu wollen, wie Sie selbst gerne wären. Wenn Sie damit aufhören, andere zu verurteilen, haben die anderen auch nicht mehr das Bedürfnis, Sie zu verurteilen. So werden wir alle freier.

Vielleicht neigen Sie dazu, ständig andere Leute zu kritisieren. Wenn ja, sind Sie gewiss auch sehr selbstkritisch. Fragen Sie sich also:

1. **Was habe ich davon, ständig wütend zu sein?**

____

____

____

____

____

2. Was würde passieren, wenn ich auf meine Wut verzichte?

3. Bin ich bereit, mich durch Vergebung zu befreien?

ÜBUNG: EINEN BRIEF SCHREIBEN

Suchen Sie sich jemanden aus, auf den Sie immer noch wütend sind. Vielleicht ist es eine ziemlich alte Wut. Schreiben Sie dieser Person einen Brief. Berichten Sie ihr über all Ihren Kummer und wie Sie sich fühlen. Seien Sie ganz offen. Drücken Sie wirklich aus, was Sie empfinden. Benutzen Sie, wenn nötig, zusätzliches Schreibpapier.

Wenn Sie mit dem Brief fertig sind, lesen Sie ihn sich einmal durch. Falten Sie ihn dann zusammen und schreiben Sie auf die Außenseite: *»Was ich wirklich will, ist deine Liebe und Anerkennung.«* Verbrennen Sie den Brief dann, und lassen Sie damit die Wut los.

Spiegel-Arbeit

Nehmen Sie eine andere Person, auf die Sie wütend sind, oder noch mal dieselbe. Setzen Sie sich vor einen Spiegel. Legen Sie ein paar Papiertaschentücher bereit. Blicken Sie sich selbst in die Augen und sehen Sie dabei die andere Person. Sagen Sie ihr, worüber Sie wütend sind.

Wenn Sie damit fertig sind, sagen Sie ihr: *»Was ich wirklich will, ist deine Liebe und Anerkennung.«* Das ist es, was wir alle von den anderen Menschen wollen, und was die anderen von uns wollen. Liebe und Anerkennung bringen Harmonie in unser Leben.

Um frei zu werden, müssen wir unsere alten Fesseln lösen. Schauen Sie also noch einmal in den Spiegel und bekräftigen Sie: *»Ich bin bereit, das Bedürfnis loszulassen, ein wütender Mensch zu sein.«* Achten Sie darauf, ob Sie wirklich bereit sind loszulassen, oder ob Sie sich immer noch an die Vergangenheit klammern.

Schauen Sie sich noch einmal die Checkliste zu Beginn des Kapitels an, dann die entsprechenden Affirmationen. Machen Sie diese Affirmationen zu einem festen Teil Ihres Tagesablaufs. Wenden Sie sie im Auto an, vor dem Spiegel, bei der Arbeit oder immer dann, wenn Ihre negativen Glaubenssätze in Ihr Bewusstsein dringen.

Wenn Sie glauben:	Benutzen Sie die Affirmation:
Es gibt so viele schlechte Autofahrer.	*Ich umgebe mich jetzt mit wunderbaren Autofahrern.*
Die Leute hier sind furchtbar dumm.	*Alle, auch ich selbst, geben ihr Bestes.*
Ich bin ein solcher Dummkopf.	*Ich liebe und achte mich.*
Ich würde es tun, wenn ich nicht so dick wäre.	*Ich weiß das Wunder meines Körpers zu würdigen.*
Das ist das hässlichste Kleid, das ich je gesehen habe.	*Ich liebe es, wie die Menschen ihre Einzigartigkeit durch ihre Kleidung ausdrücken.*
Sie werden diesen Job nie erledigt bekommen.	*Ich lasse davon ab, andere zu kritisieren.*
Ich bin ein solcher Trampel.	*Ich werde von Tag zu Tag gewandter.*
Meine Nachbarn machen immer solchen Lärm.	*Ich habe jetzt nicht mehr das Bedürfnis, mich stören zu lassen.*
Niemand fragt mich nach meiner Meinung.	*Meine Meinung wird allseits geschätzt.*
Das ist eine schreckliche alte Karre, die sie fährt.	*Liebevoll unterstütze ich ihre Entscheidung, ein solches Transportmittel zu benutzen.*
Ich hasse die Art, wie er lacht.	*Ich freue mich über jedes Lachen, das ich höre.*

»Ich gebe mir die Erlaubnis, meine Gefühle anzuerkennen.«

Friedens-Meditation

Ich bin eins mit allem Leben, und das Leben liebt und unterstützt mich bedingungslos. Daher beanspruche ich für mich Liebe und Akzeptanz auf allen Ebenen. Ich akzeptiere alle meine Gefühle und kann sie zur rechten Zeit auf angemessene Weise ausdrücken. Ich bin nicht wie meine Eltern und daher nicht an ihre Muster der Wut und Kritik gebunden. Ich habe gelernt, mehr zu beobachten als zu reagieren, und seither verläuft mein Leben in ruhigeren Bahnen. Ich bin einzigartig und habe es nicht nötig, mich wegen Kleinigkeiten aufzuregen. Ich lebe in innerem Frieden. Dies ist die Wahrheit meines Seins. Alles ist gut in meinem Gemüt.

Freiheit

Kapitel Sechs

SÜCHTE

***»Keine Person, kein Ort,
keine Sache hat irgendeine Macht über mich.
Ich bin frei.«***

Sucht-Checkliste

- [ ] Ich möchte mich jetzt besser fühlen.
- [ ] Wenn ich rauche, bin ich weniger gestresst.
- [ ] Häufiger Sex ist eine angenehme Fluchtmöglichkeit.
- [ ] Ich kann nicht aufhören zu essen.
- [ ] Trinken macht mich beliebt.
- [ ] Ich muss vollkommen sein.
- [ ] Ich spiele zu viel.
- [ ] Ich brauche mein Beruhigungsmittel.
- [ ] Ich muss ständig etwas Neues kaufen.
- [ ] Ich kann mich nicht aus Beziehungen lösen, in denen ich missbraucht werde.

Suchtverhalten ist ein anderer Weg zu sagen: »Ich bin nicht gut genug.« Wenn wir ein solches Verhalten an den Tag legen, versuchen wir, vor uns selbst davonzulaufen. Wir sind nicht in Verbindung mit unseren Gefühlen. Etwas, das wir glauben, sagen oder tun, ist zu schmerzhaft für uns, um es uns einzugestehen. Deshalb essen wir zu viel, trinken, schlucken Pillen, geben mehr Geld aus, als wir haben. Sex wird zu einem zwanghaften Verhalten, und in unseren Liebesbeziehungen missbrauchen wir unsere Partner.

Es gibt Zwölf-Punkt-Programme, mit denen sich die meisten dieser Süchte in den Griff bekommen lassen, und sie haben Tausenden von Menschen geholfen. Was solche Programme bei Suchtkranken zu leisten vermögen, werden wir mit diesem einen Kapitel nicht erreichen können. Aus meiner Sicht müssen wir uns erst einmal klar machen, dass es in uns ein konkretes Bedürfnis nach diesem zwanghaften Verhalten gibt. Erst wenn dieses Bedürfnis verschwindet, wird sich auch das Verhalten verändern.

Um Suchtverhalten zu überwinden, ist es außerordentlich wichtig, sich selbst zu lieben und zu achten, dem Fluss des Lebens zu vertrauen und sich sicher zu fühlen, weil man die Kraft des eigenen Bewusstseins kennt. Aus meinen Erfahrungen mit Suchtkranken weiß ich, dass die meisten einen ausgeprägten Selbsthass empfinden. Sie sind sehr unnachsichtig mit sich selbst. Tag für Tag bestrafen sie sich. Warum? Weil sie irgendwann in der Kindheit zu der Überzeugung kamen, dass sie nicht gut genug waren; sie waren schlecht und brauchten deshalb Strafe. Wenn es in der Kindheit zu Misshandlungen, zu emotionalem und sexuellem Missbrauch kommt, trägt das zu diesem Selbsthass bei. Ehrlichkeit, die Bereitschaft zu vergeben, Selbst-Liebe und der Wille, in der Wahrheit zu leben, können helfen, diese frühen Wunden zu heilen und dem Suchtkranken Erleichterung verschaffen. Außerdem sind Suchtkranke durchweg ängstlich. Sie fürchten sich davor, loszulassen und dem Lebensprozess zu vertrauen. Solange wir glauben, dass die Welt ein unsicherer Ort ist, voller Menschen und Situationen, die uns gefährlich werden können – solange verwirklicht sich dieser Glaube für uns.

Sind Sie bereit, sich von Ideen und Glaubenssätzen zu lösen, die nicht unterstützend und fördernd sind? Dann ist es Zeit, dass wir unsere Reise fortsetzen.

ÜBUNG: SÜCHTE LOSLASSEN

Hier und jetzt in unserem Bewusstsein ist der Ort, wo die Veränderungen stattfinden. Holen Sie ein paarmal tief Luft, schließen Sie die Augen und denken Sie an die Person, den Ort oder die Sache, nach der oder dem Sie süchtig sind. Denken Sie über den Irrsinn dieser Sucht nach. Sie versuchen das, was Sie *in* sich für schlecht oder falsch halten, zu beheben, indem Sie sich an etwas klammern, das *außerhalb* von Ihnen existiert. Der Kraftpunkt liegt im gegenwärtigen Augenblick, und Sie können noch heute eine Veränderung herbeiführen.

Sie müssen nur willens sein, das Bedürfnis loszulassen. Sagen Sie: *»Ich bin bereit, das Bedürfnis nach*

____

loszulassen. Ich lasse es jetzt los und vertraue darauf, dass der Lebensprozess meine Bedürfnisse erfüllt.«

Sagen Sie das jeden Morgen in Ihrer Meditation und in Ihren Gebeten. So machen Sie einen weiteren Schritt in die Freiheit.

ÜBUNG: IHRE GEHEIME SUCHT

Nennen Sie zehn Ihre Sucht betreffende Geheimnisse, die Sie noch nie einem anderen Menschen anvertraut haben. Wenn sie fresssüchtig sind, haben Sie vielleicht schon einmal Sachen aus einer Mülltonne gegessen. Wenn Sie Alkoholiker sind, haben Sie vielleicht schon eine Flasche im Auto versteckt, um beim Fahren etwas trinken zu können. Wenn Sie ein zwanghafter Spieler sind, haben Sie vielleicht schon Ihre Familie mit immer neuen Spielschulden in Angst und Schrecken versetzt.

1. ______________________________

2. ______________________________

3. ______________________________

4. ______________________________

5. ______________________________

6. ______________________________

7. ______________________________

8. ______________________________

9. ______________________________

10. ______________________________

Wie fühlen Sie sich jetzt? Schauen Sie sich Ihr ›schlimmstes‹ Geheimnis an. Visualisieren Sie sich in dieser Situation, und *lieben* Sie diese Person. Sagen Sie ihr, wie sehr Sie sie lieben und dass Sie ihr vergeben. Schauen Sie in den Spiegel, und sagen Sie: »*Ich vergebe dir, und ich liebe dich so, wie du bist.*« Atmen Sie tief durch.

ÜBUNG: FRAGEN SIE IHRE FAMILIE

Gehen wir für einen Moment in unsere Kindheit zurück, und stellen wir uns ein paar Fragen.

1. **Meine Mutter wollte immer, dass ich …**

2. Ich hätte viel lieber gehabt, wenn sie ...

3. Meine Mutter wusste nicht, dass ...

4. Mein Vater erlaubte mir nicht …

5. Wenn mein Vater doch nur wüsste, dass …

6. Ich wünschte, ich hätte meinem Vater gesagt ...

7. Mutter, ich vergebe dir, dass du ...

8. **Vater, ich vergebe dir, dass du …**

Es kommen viele Menschen zu mir, die mir sagen, dass sie die Gegenwart nicht genießen können wegen etwas, das in der Vergangenheit geschehen ist. Wenn wir die Vergangenheit festhalten, VERLETZEN WIR UNS DAMIT NUR. Wir weigern uns, in der Gegenwart zu leben. Die Vergangenheit ist vorbei und lässt sich nicht mehr ändern. Wir können lediglich den gegenwärtigen Augenblick erfahren.

ÜBUNG: DIE VERGANGENHEIT LOSLASSEN

Jetzt wollen wir in unserem Bewusstsein die Vergangenheit reinigen. Lösen Sie die emotionalen Bindungen an das Vergangene. Erlauben Sie den Erinnerungen, einfach nur Erinnerungen zu sein.

Wenn Sie sich an die Kleidung erinnern, die Sie mit zehn Jahren getragen haben, gibt es daran gewöhnlich keine emotionale Bindung. Es ist einfach nur eine Erinnerung.

Das kann auch bei allen anderen vergangenen Ereignissen in Ihrem Leben so sein. Wenn wir loslassen, werden wir frei, unsere ganze geistige Kraft darauf zu verwenden, diesen Augenblick zu genießen und eine wundervolle Zukunft zu erschaffen.

Wir brauchen uns nicht länger für unsere Vergangenheit zu bestrafen.

1. **Zählen Sie alles auf, was Sie loslassen möchten.**

2. Wie groß ist Ihre Bereitschaft, loszulassen?
Achten Sie auf Ihre Reaktionen und notieren Sie sie.

3. Was müssen Sie tun, um diese Dinge loszulassen?
Wie groß ist Ihre Bereitschaft dazu?

ÜBUNG: SELBST-ANNAHME

Da Selbsthass beim Suchtverhalten eine so wichtige Rolle spielt, werden wir jetzt eine meiner bevorzugten und oft benutzten Übungen anwenden. Ich habe diese Übung Tausenden von Menschen empfohlen, und die Resultate sind phänomenal.

Jedes Mal, wenn Sie in den nächsten vier Wochen über Ihre Sucht nachdenken, sagen Sie zu sich selbst: *»Ich achte mich.«*

Sagen Sie das drei- oder vierhundertmal am Tag. Nein, das ist nicht zu oft. Wenn Sie sich Sorgen machen, dann denken Sie am Tag mindestens genauso so oft an Ihr Problem. Machen Sie ›Ich achte mich‹ zu Ihrem Mantra, zu etwas, das Sie sich immer wieder sagen, fast pausenlos.

Wenn Sie »Ich achte mich« sagen, kommen in Ihrem Bewusstsein alle Gedanken zum Vorschein, die dem widersprechen. Wenn ein negativer Gedanke wie »Wie kannst du dich achten, wo du doch dein ganzes Geld ausgegeben hast« oder »Du hast gerade zwei Stück Kuchen gegessen« oder »Du wirst es nie zu etwas bringen« oder anderes negatives Geplapper hochsteigt, dann ist das *der* Moment, um geistige Kontrolle zu gewinnen. Messen Sie diesen Gedanken keine Bedeutung bei. Erkennen Sie, dass der Gedanke einfach nur ein Weg ist, Sie weiter an die Vergangenheit zu fesseln. Sagen Sie ruhig zu dem Gedanken: *»Danke, dass du dich mitgeteilt hast. Ich lasse dich los. Ich achte mich.«* Diese widerstrebenden Gedanken haben keine Macht über Sie, es sei denn, Sie geben ihnen Macht.

Betrachten Sie die Checkliste und die entsprechenden Affirmationen. Machen Sie diese Affirmationen zu einem festen Bestandteil Ihres Tagesablaufs. Wenden Sie sie bei der Arbeit an, im Auto, oder jedes Mal, wenn Ihnen negative Glaubenssätze zu Bewusstsein kommen.

Wenn Sie glauben:	Benutzen Sie die Affirmation
Ich möchte mich jetzt besser fühlen.	*Ich bin im Frieden.*
Wenn ich rauche, bin ich weniger gestresst.	*Ich löse mich mühelos von meinem Stress.*
Häufiger Sex ist eine angenehme Fluchtmöglichkeit.	*Ich habe die Macht, die Kraft und das Wissen, alles in meinem Leben aufs Beste zu regeln.*
Ich kann nicht aufhören zu essen.	*Liebe umgibt, schützt und nährt mich.*
Trinken macht mich beliebt.	*Ich strahle Liebe aus und werde geliebt.*
Ich muss vollkommen sein.	*Ich erlaube und begrüße Veränderungen.*
Ich spiele zu viel.	*Ich bin offen für meine innere Weisheit.*
Ich brauche mein Beruhigungsmittel.	*Der Fluss des Lebens versorgt mich mit allem Nötigen.*
Ich muss ständig etwas Neues kaufen.	*Ich denke jetzt neue Gedanken über mich und mein Leben.*
Ich kann mich nicht aus Beziehungen lösen, in denen ich missbraucht werde.	*Ich bin stark und fähig.* *Ich liebe mich und nehme mich voll an.*

»Ich gebe mir die Erlaubnis, mich zu verändern.«

Meditation bei Suchtproblemen

Ich bin eins mit dem Leben, und das Leben liebt und unterstützt mich. Daher entwickle ich jetzt ein starkes Selbstwertgefühl. Ich schenke mir uneingeschränkte Selbstliebe und Selbstachtung. Ich bin nicht wie meine Eltern und übernehme von ihnen keinerlei suchthafte Verhaltensmuster. Wie immer meine Vergangenheit aussah – jetzt in diesem Moment befreie ich mich von allen negativen Selbstgesprächen. Ab jetzt liebe und achte ich mich. Ich freue mich an meinem einzigartigen Selbst. Ich bin liebenswert und werde von anderen respektiert. Das ist die Wahrheit meines Seins. Alles ist gut in meiner Welt.

Kapitel Sieben

VERGEBUNG

»Mir wird vergeben,
und ich bin frei.«

Vergebungs-Checkliste

- ☐ Ich werde ihnen niemals vergeben.
- ☐ Was sie getan haben, ist unverzeihlich.
- ☐ Sie haben mein Leben ruiniert.
- ☐ Sie haben es absichtlich getan.
- ☐ Ich war noch so klein, und sie haben mir so wehgetan.
- ☐ Sie müssen sich zuerst entschuldigen.
- ☐ Mein Unmut gibt mir Sicherheit.
- ☐ Nur schwache Menschen vergeben.
- ☐ Ich bin im Recht, und sie sind im Unrecht.
- ☐ Das ist alles die Schuld meiner Eltern.
- ☐ Ich brauche niemandem zu vergeben.

Sind Sie geneigt, mehreren von diesen Aussagen zuzustimmen? Vergebung ist für die meisten von uns ein schwieriger Bereich. Wir alle müssen Vergebung praktizieren. Jeder, dem es Probleme bereitet, sich selbst zu lieben, hat auch damit zwangsläufig Probleme. Vergebung öffnet unsere Herzen für die Selbst-Liebe. Viele von uns schleppen über Jahre hinweg alten Groll mit sich herum. Wir suchen die Schuld stets bei den anderen. Ich nenne das: im Gefängnis des selbstgerechten Grolls gefangen sein. Wir haben immer Recht. Aber wir sind nie glücklich.

Ich höre schon, wie Sie sagen: »Aber Sie wissen doch gar nicht, was die anderen mir angetan haben. Es ist absolut unverzeihlich.« Wenn wir nicht bereit sind zu vergeben, tun wir uns damit etwas Schreckliches an. Bitterkeit ist, als würden wir täglich einen Löffel Gift schlucken. Sie sammelt sich in uns an und schadet uns. Es ist unmöglich, gesund und frei zu sein, solange wir uns an die Vergangenheit klammern. Der betreffende Vorfall ist lange vorbei. Ja, die anderen haben sich uns gegenüber nicht gut benommen. Trotzdem, es ist vorbei. Wir glauben manchmal, dass wir, wenn wir anderen vergeben, damit einräumen, dass es in Ordnung war, was sie uns antaten.

Eine der wichtigsten spirituellen Lektionen, die wir lernen müssen, ist zu begreifen, dass alle in jeder denkbaren Situation stets gemäß ihres momentanen Erkenntnisstandes ihr Bestes geben. Die Menschen können nur aus dem Verständnis und Bewusstsein heraus handeln, über das sie gegenwärtig verfügen. Jeder, der einen anderen schlecht behandelt, wurde selbst als Kind schlecht behandelt. Je gewalttätiger jemand ist, desto größer ist sein innerer Schmerz. Das soll keine Entschuldigung für schlechtes Benehmen sein. Doch für unser eigenes spirituelles Wachstum ist es erforderlich, dass wir uns des Schmerzes anderer Menschen bewusst werden.

Der Vorfall ist vorbei. Vielleicht schon sehr lange. Lassen Sie ihn los. Gestatten Sie sich, frei zu sein. Verlassen Sie Ihr Gefängnis, und treten Sie hinaus in den Sonnenschein des Lebens. Wenn die problematische Situation noch andauert, fragen Sie sich, warum Sie sich immer noch mit ihr abgeben. Warum bleiben Sie in einer solchen Situation? Der Zweck dieses Buches besteht darin, Ihre Selbstachtung so weit zu erhöhen, dass Sie in Ihrem Leben nur noch liebevolle Erfahrungen zulassen. Verschwenden Sie keine Zeit darauf, mit anderen ›abzurechnen‹. Es gelingt nicht. Was wir geben, kommt stets wieder zu uns zurück. Lassen wir also die Vergangenheit los und arbeiten wir daran, uns selbst im Hier und Jetzt zu lieben. Dann werden wir eine wunderbare Zukunft haben.

Von dem Menschen, dem zu vergeben Ihnen am schwersten fällt, können Sie am meisten lernen. Wenn Sie sich selbst genügend lieben, um sich über die bisherige Situation zu erheben, werden Ihnen Verständnis und Vergebung leicht fallen. Und Sie werden frei sein. Erschreckt die Freiheit Sie? Fühlen Sie sich gebunden an Ihren Groll und Ihre Bitterkeit sicherer?

Spiegelarbeit

Es ist an der Zeit, wieder einmal zu unserem Freund, dem Spiegel, zu gehen. Schauen Sie sich in die Augen, und sagen Sie mit Gefühl: »Ich bin bereit zu vergeben!« Wiederholen Sie das mehrfach.

Was fühlen Sie dabei? Fühlen Sie Widerstreben und Unbehagen? Oder fühlen Sie Bereitschaft und Offenheit?

Achten Sie einfach nur auf Ihre Gefühle. Bewerten Sie sie nicht. Atmen Sie ein paarmal tief durch, und wiederholen Sie die Übung. Fühlen Sie jetzt etwas anderes?

ÜBUNG: DIE IN IHRER FAMILIE VORHERRSCHENDEN ANSICHTEN

1. War Ihre Mutter ein Mensch, der leicht vergibt?

2. War Ihr Vater ein Mensch, der leicht vergibt?

3. War Bitterkeit in Ihrer Familie ein Weg, mit Verletzungen umzugehen?

4. Wie pflegte Ihre Mutter mit anderen ›abzurechnen‹?

5. Wie pflegte Ihr Vater mit anderen ›abzurechnen‹?

6. Wie rechnen Sie mit anderen ab?

7. Fühlen Sie sich gut, wenn Sie sich an einem anderen gerächt haben?

8. Warum?

Es ist ein interessantes Phänomen, dass andere Menschen oft reagieren, wenn wir unsere Fähigkeit zur Vergebung entwickeln. Es ist nicht nötig, dass Sie zu der betreffenden Person gehen und ihr sagen, dass Sie ihr vergeben. Manchmal möchten Sie das gern. Aber es muss nicht sein. Die wichtigste Vergebungsarbeit geschieht in Ihrem Herzen. Vergebung ist selten für den anderen. Sie ist für uns. Die Person, der Sie vergeben müssen, ist möglicherweise bereits tot.

Ich habe von vielen Menschen gehört, dass sie, wenn sie wirklich vergeben hatten, ein oder zwei Monate später einen Anruf oder Brief von dem erhielten, dem ihre Vergebung galt. Das scheint vor allem dann der Fall zu sein, wenn die Vergebung vor einem Spiegel praktiziert wird. Achten Sie bei dieser Übung darauf, wie tief Sie empfinden.

Spiegelarbeit

Spiegelarbeit ist oft unangenehm. Wir möchten uns gerne davor drücken. Wenn Sie vor dem Badezimmerspiegel stehen, ist es viel zu leicht, einfach hinauszurennen. Am besten ist es wohl, wenn Sie sich vor den Spiegel setzen. Ich benutze am liebsten den großen Spiegel in meinem Schlafzimmer. Ich setze mich mit einer Packung Papiertaschentücher bequem davor. Mein Hund sitzt oft neben mir, um mich zu trösten, während ich Spiegelarbeit mache.

Lassen Sie sich bei dieser Übung Zeit, oder wiederholen Sie sie immer wieder. Wir alle kennen eine Menge Menschen, die unsere Vergebung brauchen. Setzen Sie sich vor Ihren Spiegel. Schließen Sie die Augen, und atmen Sie ein paarmal tief durch. Denken Sie an die vielen Menschen, die Ihnen in Ihrem Leben wehgetan haben. Lassen Sie sie vor Ihrem inneren Auge vorbeiziehen. Öffnen Sie jetzt die Augen, und reden Sie mit einem von ihnen.

Sagen Sie etwa: *»Du hast mich tief verletzt. Doch ich werde die Vergangenheit jetzt nicht mehr festhalten. Ich bin bereit, dir zu vergeben.«* Holen Sie tief Luft, und sagen Sie: *»Ich vergebe dir und lasse dich los.«* Atmen Sie wieder tief, und sagen Sie: *»Du bist frei, und ich bin frei.«*

Achten Sie darauf, wie Sie sich dabei fühlen. Es kann sein, dass Sie Widerstand spüren, vielleicht fühlen Sie sich aber auch innerlich klar. Wenn Sie Widerstand spüren, sagen Sie: *»Ich bin bereit, alle Widerstände aufzulösen.«*

Vielleicht können Sie an diesem Tag mehreren Menschen vergeben, vielleicht aber auch nur einem einzigen. Das spielt keine Rolle. Tun Sie das, was im Augenblick für Sie das Richtige ist. Vergebung kann sein, als würden Sie eine Zwiebel schälen. Wenn zu viele Tränen fließen, sollten Sie die Zwiebel für einen Tag weglegen. Sie können jederzeit wiederkommen und eine weitere Schicht abschälen. Sie sollten sich schon allein dafür Respekt zollen, dass Sie überhaupt bereit sind, mit dieser Übung zu beginnen.

Erweitern Sie, während Sie diese Übung wiederholen, im Laufe der Zeit den Umfang Ihrer Liste mit Menschen, denen Sie vergeben wollen. Denken Sie an:

- Familie
- Kinder in der Schule
- Freunde
- staatliche Institutionen oder Amtspersonen
- andere Autoritätspersonen
- Krankenhauspersonal
- Lehrer
- Partner
- Arbeitskollegen
- Kirchenvertreter
- Gott
- sich selbst

Das ist das Wichtigste, dass Sie sich selbst vergeben. Seien Sie nicht länger hart zu sich selbst. Selbstbestrafung ist unnötig. Sie haben stets getan, was Sie konnten.

Setzen Sie sich wieder mit Ihrer Liste vor den Spiegel. Sagen Sie zu jedem Menschen auf der Liste: *»Ich vergebe dir, dass du*

____.«

Atmen Sie tief durch: *»Ich vergebe dir und gebe dich frei.«*

Gehen Sie alle Personen auf der Liste durch. Wenn Sie bei einer Person keinen Zorn mehr verspüren, streichen Sie sie aus. Wenn Sie noch Zorn verspüren, wenden Sie sich der betreffenden Person später noch einmal zu.

Sie werden während dieser Übung spüren, wie Ihnen große Lasten von den Schultern genommen werden. Sie werden überrascht sein, wenn sie feststellen, wie viel alten Ballast Sie mit sich herumgeschleppt haben. Gehen Sie sanft mit sich um, während Sie diesen Reinigungsprozess durchlaufen.

ÜBUNG: LEGEN SIE EINE LISTE AN

Hören Sie dazu eine sanfte Musik, die Sie entspannt und in eine friedliche Stimmung bringt. Nehmen Sie jetzt Papier und Stift, und lassen Sie Ihre Gedanken wandern. Gehen Sie in die Vergangenheit zurück, und denken Sie an all die Dinge, wegen derer Sie wütend auf sich selbst waren.

Schreiben Sie sie auf. Schreiben Sie sie alle auf. Kann sein, dass Sie dabei entdecken, dass Sie sich nie vergeben haben, in die Hosen gemacht und sich deswegen entsetzlich geschämt zu haben. Und diese Last tragen Sie jetzt schon *so lange* mit sich herum!

Manchmal ist es leichter, anderen zu vergeben, als uns selbst. Wir sind oft streng mit uns und erwarten Vollkommenheit. Für alle Fehler, die wir machen, bestrafen wir uns selbst. Es ist an der Zeit, dieses alte Verhalten zu überwinden.

Fehler sind da, um aus ihnen zu lernen. Wären wir alle vollkommen, gäbe es nichts zu lernen. Es gäbe keinen Grund für unsere Anwesenheit auf dem Planeten. ›Vollkommen‹ sein zu wollen, bringt uns nicht einmal die Liebe und Anerkennung unserer Eltern ein – wir fühlen uns dadurch nur ›schlecht‹, eben nicht vollkommen genug. Verschaffen Sie sich Erleichterung, und hören Sie damit auf, sich so zu behandeln.

Vergeben Sie sich. Lassen Sie los. Geben Sie sich den Raum, spontan und frei zu sein. Es gibt keinen Grund für Scham und Schuldgefühle.

Erinnern Sie sich daran, wie wundervoll es war, als Kind frei herumzutollen.

Gehen Sie hinaus an einen Strand, in einen Park oder wenigstens auf einen leeren Parkplatz und rennen Sie. Joggen Sie nicht. Rennen Sie wild und frei umher, schlagen Sie Purzelbäume, hüpfen Sie herum, und lachen Sie dabei! Haben Sie Spaß mit Ihrem inneren Kind. Was macht es schon, wenn sie jemand dabei sieht? Sie tun es für Ihre Freiheit!

Nachfolgend finden Sie für jeden negativen Glaubenssatz auf der Checkliste von Seite 131 die passende Affirmation.

Wenn Sie glauben:	Benutzen sie die Affirmation:
Ich werde ihnen niemals vergeben.	*Das ist ein neuer Augenblick. Ich bin frei, loszulassen.*
Was sie getan haben, ist unverzeihlich.	*Ich vergebe ihnen, ob sie es verdienen oder nicht.*
Sie haben mein Leben ruiniert.	*Ich übernehme die Verantwortung für mein Leben. Ich bin frei.*
Sie haben es absichtlich getan.	*Sie haben gehandelt, wie es ihrem damaligen Wissen und Bewusstsein entsprach.*
Ich war noch so klein, und sie haben mir so wehgetan.	*Ich bin jetzt erwachsen, und ich kümmere mich liebevoll um mein inneres Kind.*
Sie müssen sich erst entschuldigen.	*Mein spirituelles Wachstum hängt nicht von anderen ab.*
Mein Unmut gibt mir Sicherheit.	*Ich befreie mich aus meinem Gefängnis. Ich bin frei und geborgen.*
Nur schwache Menschen vergeben.	*Ich bin stark, wenn ich vergebe und loslasse.*
Ich bin im Recht, und sie sind im Unrecht.	*Richtig und falsch gibt es nicht. Ich urteile nicht mehr.*
Das ist alles die Schuld meiner Eltern.	*Meine Eltern behandelten mich so, wie sie selbst behandelt wurden. Ich vergebe ihnen und auch ihren Eltern.*
Ich brauche niemandem zu vergeben.	*Ich schränke mich selbst nicht ein. Ich bin stets bereit, den nächsten Schritt zu tun.*

»Ich gebe mir die Erlaubnis, loszulassen.«

Vergebungs-Meditation

Ich bin eins mit dem Leben, und das Leben liebt und unterstützt mich. Daher beanspruche ich jetzt ein offenes, von Liebe erfülltes Herz. Wir alle geben im Rahmen unserer gegenwärtigen Möglichkeiten stets unser Bestes, und das gilt auch für mich. Die Vergangenheit ist vorbei. Ich bin nicht wie meine Eltern und übernehme nicht ihren Groll und ihre Bitterkeit. Ich bin einzigartig und entscheide mich bewusst dafür, mein Herz zu öffnen, damit Liebe, Mitgefühl und Erkenntnis alle Erinnerungen an frühere Schmerzen von mir abwaschen. Ich bin frei, mein volles Potenzial zu leben. Das ist die Wahrheit meines Seins. Alles ist gut in meinem Leben.

www.com

Kapitel Acht

ARBEIT

»Es ist schön, meine Kreativität auszudrücken, und von den anderen geschätzt zu werden.«

Arbeits-Checkliste

- [ ] Ich hasse meine Arbeit.
- [ ] Meine Arbeit ist zu stressig.
- [ ] Meine Arbeitskollegen respektieren mich nicht.
- [ ] Ich habe keine beruflichen Aufstiegschancen.
- [ ] Mein Chef nutzt mich aus.
- [ ] Alle erwarten zu viel von mir.
- [ ] Meine Kollegen gehen mir auf die Nerven.
- [ ] An meinem Arbeitsplatz ist Kreativität nicht gefragt.
- [ ] Ich werde nie Erfolg haben.
- [ ] Ich werde schlecht bezahlt.

Sehen wir uns einmal an, wie Sie über Ihren Beruf denken. Unsere berufliche Tätigkeit ist ein Spiegelbild unserer Selbstachtung und unseres Wertes für die Welt. Einerseits ist Arbeit ein Eintauschen von Zeit und Dienstleistung gegen Geld. Solange wir einer anständigen Arbeit nachgehen, können wir uns selbst achten.

Doch auch *welche* Arbeit wir tun, ist wichtig, denn wir sind alle einzigartige Individuen. Wir möchten das Gefühl haben, einen Beitrag zum Gemeinwohl zu leisten. Wir möchten Gebrauch von unseren Talenten, unserer Intelligenz und unseren kreativen Möglichkeiten machen.

Doch unsere Arbeit kann viele Probleme verursachen. Vielleicht kommen Sie mit Ihrem Chef oder Ihren Kollegen nicht zurecht. Vielleicht haben Sie das Gefühl, dass Ihre Arbeit nicht genügend anerkannt wird. Vielleicht warten Sie vergeblich auf eine Beförderung oder erhalten den gewünschten Arbeitsplatz nicht.

Wie immer die Situation sein mag, in der Sie sich gerade befinden, denken Sie daran, dass Ihr eigenes Denken Sie dorthin gebracht hat. Die Menschen in Ihrer Umgebung spiegeln nur wider, was Sie selbst über sich glauben.

Gedanken lassen sich verändern. Auch Situationen kann man ändern. Aus einem Chef, den wir unerträglich finden, kann unser bester Förderer werden. An einem scheinbar chancenlosen Arbeitsplatz kann sich der Weg für eine Karriere voller Möglichkeiten eröffnen. Der Kollege, über den wir uns so ärgern, kann zu einem Freund werden oder wenigstens zu jemandem, mit dem wir besser auskommen als vorher. Unsere bisher schlechte Bezahlung kann sich in kurzer Zeit deutlich verbessern. Wir könnten eine wunderbare neue Arbeitsstelle finden.

Wenn wir *unser* Denken verändern, gibt es eine unendliche Anzahl von Kanälen. Öffnen wir uns ihnen. Wir müssen bewusst akzeptieren, dass Fülle und Erfüllung von überallher zu uns kommen können. Zuerst ist es vielleicht nur eine kleine Veränderung. Vielleicht gibt Ihnen Ihr Chef eine zusätzliche Aufgabe, bei der Sie Ihre Intelligenz und Ihre Kreativität beweisen können. Oder Sie behandeln einen Ihrer Kollegen einmal nicht mehr so, als wäre er Ihr Feind, wodurch sich sein Verhalten Ihnen gegenüber spürbar verändert. Wie immer die Veränderung aussehen mag, akzeptieren Sie sie und freuen Sie sich darüber. Sie sind nicht allein. Sie *sind* die Veränderung. Die Macht, die Sie erschaffen hat, gab *Ihnen* die Macht, Ihre Erfahrungen selbst zu erschaffen!

ÜBUNG: DIE EIGENE MITTE FINDEN

Nehmen wir uns einen Moment Zeit, um unsere Mitte zu finden. Legen Sie Ihre rechte Hand auf Ihren Bauch. Stellen Sie sich vor, dass diese Zone die Mitte Ihres Seins ist. Atmen Sie. Schauen Sie in den Spiegel, und sagen Sie: »Ich lasse jetzt das Bedürfnis los, bei der Arbeit unglücklich zu sein.« Wiederholen Sie das noch zweimal. Sagen Sie es jedes Mal auf andere Art. Drücken Sie aus, wie Ihre Bereitschaft, sich zu verändern, wächst.

ÜBUNG: BESCHREIBEN SIE DIE MENSCHEN IN IHREM LEBEN

Beschreiben Sie mit je zehn Adjektiven:

	Ihren Chef	Ihre Kollegen	Ihren Arbeitsplatz
1.			
2.			
3.			
4.			
5.			
6.			
7.			
8.			
9.			
10.			

ÜBUNG: DENKEN SIE ÜBER IHR BERUFSLEBEN NACH

1. Wenn Ihnen alle Wege offen stünden, was würden Sie werden wollen?

2. Welchen Beruf würden Sie ausüben, wenn Sie völlig frei wählen könnten?

3. Was würden Sie an Ihrem jetzigen Arbeitsplatz gerne verändern?

4. Was würden Sie an Ihrem Arbeitgeber gerne ändern?

5. Arbeiten Sie in einer angenehmen Umgebung?

6. Wer an Ihrer Arbeitsstelle braucht Ihre Vergebung am meisten?

Spiegelarbeit

Setzen Sie sich vor Ihren Spiegel. Atmen Sie tief durch. Suchen Sie Ihre Mitte. Sprechen Sie jetzt mit der Person an Ihrer Arbeitsstelle, über die Sie sich am meisten ärgern. Sagen Sie ihr, warum Sie sich über sie ärgern. Sagen Sie Ihren Kollegen, wie sehr sie Sie verletzt haben oder dass Sie Ihnen zu nahe getreten sind. Sagen Sie ihnen alles – verschweigen Sie nichts! Sagen Sie ihnen, welches Verhalten Sie sich in Zukunft von ihnen wünschen. Sagen Sie ihnen, dass Sie ihnen vergeben, nicht so zu sein, wie Sie es gerne hätten.

Machen Sie einen tiefen Atemzug. Bitten Sie um Respekt, und bieten Sie Ihren Respekt an. Bekräftigen Sie, dass Sie von jetzt an harmonisch zusammenarbeiten können.

Liebevolles Segnen

Liebevolles Segnen ist ein machtvolles Werkzeug, das Sie an jeder Arbeitsstelle einsetzen können. Schicken Sie Ihren Segen voraus, ehe Sie auf der Arbeitsstelle eintreffen. Segnen Sie dort liebevoll jeden Mitarbeiter, jeden Raum und jedes Ding. Wenn Sie ein Problem mit einem Kollegen, einem Vorgesetzten oder vielleicht auch nur mit der Raumtemperatur haben, segnen Sie das Problem in Liebe. Bekräftigen Sie, dass zwischen Ihnen und der betreffenden Person oder Situation Einverständnis und vollkommene Harmonie herrschen.

»Zwischen mir, meiner Arbeitsstelle und allen Mitarbeitern herrscht vollkommene Harmonie.«

»Ich arbeite stets in harmonischer Umgebung.«

»Ich ehre und achte alle Mitarbeiter, und sie ehren und achten mich.«

»Ich segne diese Situation in Liebe und weiß, dass sie sich für alle Beteiligten bestens regelt.«

»Ich segne dich in Liebe und lasse das höchste Gute sich in deinem Leben entfalten.«

»Ich segne diese Arbeit und gebe sie für jemanden frei, der sie liebt. So werde ich frei für eine wunderbare neue Chance.«

Wählen Sie eine dieser Affirmationen für eine entsprechende Situation in Ihrem Berufsalltag aus (oder formulieren Sie sie angemessen um), und wiederholen Sie sie immer wieder. Wiederholen Sie sie jedes Mal, wenn Sie an die betreffende Person oder Situation denken. Löschen Sie Ihre diese Situation betreffende negative Gedankenenergie aus. Allein durch Ihr Denken können Sie die Erfahrung verändern.

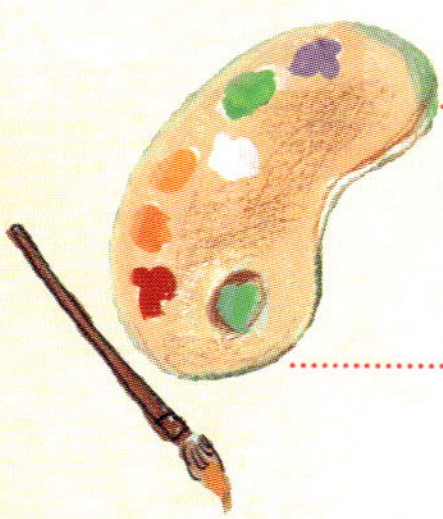

ÜBUNG: SELBST-WERT IM BERUF

Betrachten wir einmal Ihr berufliches Selbstwertgefühl. Schreiben Sie nach der Beantwortung der folgenden Fragen jeweils eine Affirmation (in der Gegenwartsform).

1. **Bin ich es wert, einen guten Arbeitsplatz zu haben?**

   Beispiel: *Manchmal denke ich das. Doch manchmal würde ich mich am liebsten verstecken.*

   Affirmations-Beispiel: *Ich bin stets allen Aufgaben gewachsen.*

   Ihre Antwort:

   ____

   ____

Ihre Affirmation:

____

____

2. **Was fürchte ich im beruflichen Bereich am meisten?**

   Beispiel: *Dass mein Arbeitgeber merkt, dass ich nicht gut bin, mich feuert und ich keine andere Anstellung finde.*

   Affirmations-Beispiel: *Ich ruhe sicher in meiner Mitte und akzeptiere Vollkommenheit in meinem Leben. Alles ist gut.*

   Ihre Antwort:

   ____

   ____

   Ihre Affirmation:

   ____

   ____

3. **Was ›habe‹ ich von diesem Glaubenssatz?**

   Beispiel: *Ich erfülle die Erwartungen meiner Kollegen, und mein Chef wird zum Elternersatz.*

   Affirmations-Beispiel: *Mein Bewusstsein erschafft meine Erfahrungen. Ich habe die uneingeschränkte Fähigkeit, in meinem Leben Gutes zu erschaffen.*

Ihre Antwort:

Ihre Affirmation:

4. **Was könnte schlimmstenfalls geschehen, wenn ich diesen Glauben aufgebe?**

Beispiel: *Ich müsste erwachsen werden.*
Ich müsste Verantwortung übernehmen.

Affirmations-Beispiel: *Ich weiß, dass ich wertvoll bin. Es ist gut, erfolgreich zu sein. Das Leben liebt mich.*

Ihre Antwort:

Ihre Affirmation:

Visualisierung

Was wäre der perfekte Beruf für mich? Nehmen Sie sich einen Moment Zeit, sich selbst in Ausübung dieses Berufes vorzustellen. Sehen Sie sich an Ihrem Arbeitsplatz, sehen Sie Ihre Kollegen, und erspüren Sie, wie es wäre, eine Sie wirklich ausfüllende Arbeit zu tun, für die Sie gut bezahlt werden. Halten Sie an dieser Vision fest, in dem Wissen, dass sie sich in Ihrem Denken bereits erfüllt hat.

Nachfolgend finden Sie für jeden Glaubenssatz auf der Checkliste von Seite 145 die passende Affirmation. Machen Sie diese Affirmationen zu einem festen Bestandteil Ihres Tagesablaufs. Wenden Sie sie bei der Arbeit an, im Auto oder morgens beim Zähneputzen.

Wenn Sie glauben:	Benutzen Sie die Affirmation:
Meine Arbeit ist zu stressig.	*Ich bin bei der Arbeit stets entspannt.*
Meine Kollegen respektieren mich nicht.	*Meine Arbeit wird von allen anerkannt.*
Ich habe keine beruflichen Aufstiegschancen.	*Jede Erfahrung wird für mich zu einer Chance.*
Mein Chef nutzt mich aus.	*Ich achte mich und werde geachtet.*
Alle erwarten zu viel von mir.	*Ich bin am rechten Ort und stets sicher und geborgen.*
Meine Kollegen gehen mir auf die Nerven.	*Ich sehe in allen das Beste und helfe ihnen, ihre erfreulichsten Eigenschaften zu leben.*
An meinem Arbeitsplatz ist Kreativität nicht gefragt.	*Mein Denken ist kreativ.*
Ich werde nie Erfolg haben.	*Alles, was ich unternehme, wird ein Erfolg.*
Ich werde schlecht bezahlt.	*Ich bin jetzt offen und bereit für neue Einkommensquellen.*

»Ich gebe mir die Erlaubnis, kreative Erfüllung zu finden.«

Arbeits-Meditation

Ich bin eins mit dem Leben, und das Leben liebt und unterstützt mich. Daher beanspruche ich für mich den bestmöglichen schöpferischen Selbstausdruck. Meine Arbeit schenkt mir tiefe Erfüllung. Ich werde in meinem beruflichen Umfeld geliebt und respektiert. Ich bin nicht wie meine Eltern und daher frei, völlig andere berufliche Erfahrungen zu machen als sie. Ich bin ein einzigartiger, wunderbarer Mensch und entscheide mich für eine Berufstätigkeit, die nicht nur meinen materiellen Lebensunterhalt sichert, sondern mir darüber hinaus Freude und Befriedigung bringt. Meine Arbeit ist ein Vergnügen für mich. Das ist die Wahrheit meines Seins. Alles ist gut in meinem Berufsleben.

Kapitel Neun

GELD UND WOHLSTAND

*»Ich teile unbegrenzten Wohlstand mit der Welt;
ich bin gesegnet.«*

Checkliste Geld und Wohlstand

- ☐ Ich kann kein Geld sparen.
- ☐ Ich verdiene nicht genug.
- ☐ Ich habe zu viele Schulden.
- ☐ Das Geld rinnt mir durch die Finger.
- ☐ Alles ist so teuer.
- ☐ Warum haben alle anderen Geld?
- ☐ Ich kann meine Rechnungen nicht bezahlen.
- ☐ Ich stehe kurz vor der Pleite.
- ☐ Ich kann nichts fürs Alter sparen.
- ☐ Ich kann mich nicht von meinem Geld trennen.

Was glauben Sie über das Geld? Glauben Sie, dass es genug davon gibt? Machen Sie Ihren Selbstwert vom Geld abhängig? Glauben Sie, dass Sie sich damit Ihre Herzenswünsche erfüllen können? Betrachten Sie das Geld als Ihren Freund oder als Ihren Feind? Es genügt nicht, immer mehr Geld zu besitzen. Wir müssen lernen, dass es uns zusteht, in Wohlstand zu leben und ihn zu *genießen*.

Viel Geld zu besitzen garantiert noch keinen Wohlstand. Menschen, die über viel Geld verfügen, können dennoch in geistiger Armut leben. Sie haben möglicherweise mehr Angst vor Armut als jemand, der draußen auf der Straße lebt.

Es kann sein, dass sie nicht die Fähigkeit besitzen, ihr Geld zu genießen und in einer Welt der Fülle zu leben. Sokrates, der große Philosoph, sagte einmal: »Zufriedenheit ist natürlicher Reichtum, Luxus ist künstliche Armut.«

Wie ich schon oft gesagt habe, hängt Ihr Wohlstands-Bewusstsein nicht vom Geld ab; dass Ihnen Geld reichlich zufließt, hängt im Gegenteil von Ihrem Wohlstands-Bewusstsein ab.

Unser Streben nach Geld *muss* zu unserer Lebensqualität beitragen. Wenn nicht, wenn wir die Arbeit, die wir tun, um Geld zu verdienen, hassen, dann ist das Geld für uns nutzlos. Wohlstand bemisst sich nicht nur nach der Geldmenge, die wir besitzen, sondern nach der *Qualität* unseres Lebens.

Wohlstand lässt sich nicht allein über Geld definieren; er schließt auch Zeit, Liebe, Erfolg, Freude, Bequemlichkeit, Schönheit und Weisheit ein. Armut kann sich zum Beispiel auch in einem Mangel an Zeit ausdrücken. Wenn Sie sich abgehetzt und unter Zeitdruck fühlen, dann sind Sie arm an Zeit. Wenn Sie aber alle Zeit zur Verfügung haben, die Sie brauchen, um alle Ihre Aufgaben zu erledigen, und sicher sind, dass Sie Ihre Arbeit in Ruhe beenden können, dann sind Sie wohlhabend, was Ihre Zeit betrifft.

Oder wie ist es mit dem Erfolg? Glauben Sie, dass er außerhalb Ihrer Reichweite liegt? Oder glauben Sie, dass Sie auf Ihre Art Erfolg haben können? Wenn ja, dann sind Sie erfolgreich.

Denken Sie daran: Was Sie auch glauben mögen, Sie können diesen Glauben *jetzt* verändern. Die Macht, die Sie erschuf, gab *Ihnen* die Macht, Ihre eigenen Erfahrungen zu erschaffen. Sie können sich verändern!

Spiegelarbeit

Stehen Sie auf, breiten Sie die Arme aus, und sagen Sie: *»Ich bin offen und empfänglich für alles Gute.«* Wie fühlen Sie sich dabei?

Schauen Sie jetzt in den Spiegel, und wiederholen Sie den Satz mit mehr Gefühl.

Welche Gefühle steigen dabei in Ihnen auf? Fühlen Sie sich befreit und froh, oder würden Sie sich am liebsten verstecken?

Atmen Sie tief durch, und sagen Sie wieder: *»Ich bin offen und empfänglich für*

____.«

(Setzen Sie hier ein, was Sie sich wünschen.) Machen Sie diese Übung jeden Morgen. Das ist eine wunderbare symbolische Geste, durch die Sie Ihr Wohlstands-Bewusstsein steigern und mehr Gutes in Ihr Leben bringen.

ÜBUNG: WAS SIE IN BEZUG AUF DAS GELD FÜHLEN

Schauen wir uns einmal Ihr Selbstwertgefühl in diesem Bereich an. Beantworten Sie die folgenden Fragen so gut es geht.

1. **Gehen Sie wieder zum Spiegel. Schauen Sie sich in die Augen, und sagen Sie laut: »Was das Geld betrifft, fürchte ich am meisten …« Schreiben Sie die Antwort auf.**

2. **Was haben Sie als Kind über das Geld gelernt?**

3. Sind Ihre Eltern in der Zeit der Depression großgeworden? Wie dachten sie über das Geld?

4. Wie wurde in Ihrer Familie mit Geld umgegangen?

5. **Wie gehen Sie heute mit Geld um?**

6. **Was würden Sie an Ihrem Geld-Bewusstsein gerne verändern?**

ÜBUNG: IHR GELD-BEWUSSTSEIN

Betrachten wir Ihr Selbstwertgefühl im finanziellen Bereich. Beantworten Sie die folgenden Fragen so gut es geht. Denken Sie sich für jeden negativen Glaubenssatz eine geeignete Affirmation in der Gegenwartsform aus.

1. **Bin ich es wert, Geld zu haben und zu genießen?**

   Beispiel: *Nicht wirklich. Wenn ich einmal Geld habe, bin ich es rasch wieder los.*

   Affirmations-Beispiel: *Ich segne das Geld, das ich besitze. Es ist gut, Geld zu sparen und für mich arbeiten zu lassen.*

   Ihre Antwort:

   Ihre Affirmation:

2. **Was fürchte ich im finanziellen Bereich am meisten?**

Beispiel: *Ich fürchte, dass ich ewig pleite bin.*

Affirmations-Beispiel: *Ich akzeptiere jetzt grenzenlose Fülle in einem grenzenlosen Universum der Möglichkeiten.*

Ihre Antwort:

____

____

Ihre Affirmation:

____

____

3. **Was ›habe‹ ich von diesem Glaubenssatz?**

Beispiel: *Ich bleibe arm, und andere werden für mich sorgen.*

Affirmations-Beispiel: *Ich beanspruche meine Eigenmacht und erschaffe liebevoll meine Realität. Ich vertraue dem Lebensprozess.*

Ihre Antwort:

____

____

Ihre Affirmation:

4. **Was könnte schlimmstenfalls geschehen, wenn ich diesen Glauben aufgebe?**

Beispiel: *Niemand würde mich lieben und für mich sorgen.*

Affirmations-Beispiel: *Ich ruhe sicher im Universum, und alles Leben liebt und unterstützt mich.*

Ihre Antwort:

Ihre Affirmation:

ÜBUNG: WIE SIE MIT IHREM GELD UMGEHEN

Schreiben Sie drei Dinge auf, die Sie an Ihrem Umgang mit Geld kritikwürdig finden. Vielleicht machen Sie ständig Schulden, können kein Geld sparen oder Ihr Geld nicht genießen.

Denken Sie dann bei jedem der drei Fälle an ein Beispiel, wo Sie das unerwünschte Verhalten einmal *nicht* an den Tag gelegt haben.

Beispiele:
Ich kritisiere mich dafür, *dass ich zwanghaft Geld ausgebe und ständig Schulden habe. Ich kann meine Ausgaben irgendwie nicht senken.*

Ich lobe mich dafür, *dass ich heute pünktlich die Telefonrechnung bezahlt habe.*

Ich kritisiere mich dafür, *dass ich jeden Pfennig spare, den ich verdiene. Ich kann mich nicht von meinem Geld trennen.*

Ich lobe mich dafür, *dass ich ein Hemd gekauft habe, das* nicht *im Preis heruntergesetzt war. Ich habe mir heute etwas geleistet, das ich mir wirklich gewünscht habe.*

1. **Ich kritisiere mich dafür,**

Ich lobe mich dafür,

2. Ich kritisiere mich dafür,

Ich lobe mich dafür,

3. Ich kritisiere mich dafür,

Ich lobe mich dafür,

Visualisierung

Legen Sie die Hand auf Ihr Herz, atmen Sie ein paarmal tief durch, und entspannen Sie sich. Visualisieren Sie, wie Sie das tun, was Sie an Ihrem Umgang mit Geld am meisten stört. Vielleicht haben Sie sich Geld geliehen, das Sie nicht zurückzahlen konnten, etwas gekauft, das Sie sich nicht leisten konnten, oder Konkurs angemeldet. Sehen Sie sich in dieser Situation – *lieben Sie diese Person*. Bedenken Sie, dass Sie nur getan haben, was Ihrem damaligen Wissen, Ihrer damaligen Bewusstheit entsprach. *Lieben Sie diese Person*. Sehen Sie, wie Sie sich in einer Weise benehmen, die Ihnen heute peinlich wäre, und *lieben Sie diese Person*.

Wie wäre es, wenn Sie alles hätten, was Sie sich immer gewünscht haben? Welche Dinge würden Sie besitzen? Wohin würden Sie reisen? Was würden Sie tun? Fühlen Sie es. Genießen Sie es. Seien Sie kreativ, und FREUEN SIE SICH.

Nachfolgend finden Sie die passenden Affirmationen zu den Glaubenssätzen der Checkliste von Seite 161 Machen Sie diese Affirmationen zu einem festen Bestandteil Ihres Tagesablaufs. Wenden Sie sie bei der Arbeit an, im Auto oder morgens beim Zähneputzen.

Wenn Sie glauben:	Benutzen Sie die Affirmation:
Ich kann kein Geld sparen.	*Ich habe stets ein gefülltes Konto.*
Ich verdiene nicht genug.	*Mein Einkommen wächst stets.*
Ich habe zu viele Schulden.	*Meine Schulden werden immer weniger.*
Das Geld rinnt mir durch die Finger.	*Ich gebe mein Geld weise aus.*
Alles ist so teuer.	*Ich habe stets alles, was ich brauche.*
Warum haben alle anderen Geld?	*Ich habe so viel Geld, wie ich akezptieren kann.*
Ich kann meine Rechnungen nicht bezahlen.	*Ich segne alle meine Rechnungen. Ich bezahle sie zur rechten Zeit.*
Ich stehe kurz vor der Pleite.	*Ich bin stets finanziell gesichert.*
Ich kann nichts fürs Alter sparen.	*Ich sorge für mein Altenteil vor.*
Ich kann mich nicht von meinem Geld trennen.	*Ich erfreue mich an jedem Euro, den ich ausgebe.*

»Ich gebe mir die Erlaubnis, wohlhabend zu sein.«

Wohlstands-Meditation

Ich bin eins mit dem Leben, und das Leben liebt und unterstützt mich. Daher beanspruche ich jetzt für mich einen reichen Anteil an der Fülle des Lebens. Ich verfüge über unerschöpfliche Reserven an Zeit, Liebe, Freude, Trost, Schönheit, Weisheit, Erfolg und Geld. Ich bin nicht wie meine Eltern und daher frei, in finanziellen Dingen andere Ansichten und Verhaltensmuster zu entwickeln. Ich bin ein einzigartiger, wunderbarer Mensch und öffne mich jetzt für Wohlstand in jeder Form. Ich bin dankbar dafür, dass ich vom Leben so großzügig beschenkt werde. Mein Einkommen wächst stetig, und für den Rest meines Lebens erfreue ich mich gesunden Wohlstandes. Das ist die Wahrheit meines Seins. Alles ist gut in meiner Welt, und alle guten Dinge des Lebens sind mein.

Kapitel Zehn

FREUNDE

»Ich bin mein Freund.«

Freundschafts-Checkliste

- ☐ Meine Freunde unterstützen mich nicht.
- ☐ Alle kritisieren mich ständig.
- ☐ Niemand sieht die Dinge wie ich.
- ☐ Meine Privatsphäre wird nicht respektiert.
- ☐ Ich kann keine dauerhaften Freundschaften aufbauen.
- ☐ Ich kann mich meinen Freunden nicht wirklich öffnen.
- ☐ Ich gebe meinen Freunden nur gut gemeinte Ratschläge.
- ☐ Ich weiß nicht, wie man ein guter Freund ist.
- ☐ Ich kann meine Freunde nicht um Hilfe bitten.
- ☐ Ich kann meinen Freunden gegenüber nicht Nein sagen.

Freundschaften können unsere dauerhaftesten und wichtigsten zwischenmenschlichen Beziehungen sein. Wir können ohne Liebes- oder Ehepartner leben. Wir können ohne Verwandte leben, aber niemals können wir ohne Freunde glücklich werden. Ich glaube, dass wir uns unsere Eltern schon aussuchen, ehe wir auf diesem Planeten geboren werden, doch unsere Freunde suchen wir uns auf einer bewussteren Ebene aus.

Ralph Waldo Emerson, der große amerikanische Philosoph und Autor, schrieb einen Essay über Freundschaft, den er ›Der Nektar der Götter‹ nannte. Er schrieb, dass in einer romantischen Beziehung die eine Person stets versucht, die andere nach ihren Wünschen zu verändern. Freunde dagegen können einen Schritt zurück machen und einander mit Wertschätzung und Respekt betrachten.

Freunde können eine Erweiterung oder ein Ersatz für die Kernfamilie sein. Wir alle haben ein großes Bedürfnis, Lebenserfahrungen mit anderen zu teilen. In Freundschaften lernen wir nicht nur andere Menschen besser kennen, wir lernen auch uns selbst besser kennen. In diesen Beziehungen spiegeln sich unser Selbstwertgefühl und unsere Selbstachtung wider. Sie bieten uns eine ausgezeichnete Möglichkeit herauszufinden, in welchen Bereichen wir wachsen müssen.

Wenn zwischen Freunden Spannungen auftreten, geben sie Anlass, negative Gedankenmuster aus unserer Kindheit aufzuspüren. Es könnte an der Zeit für einen geistigen Hausputz sein. Wenn Sie nach einem Leben voller negativer Botschaften Ihr geistiges Haus säubern, ist das, als würden Sie sich plötzlich auf gesunde Ernährung umstellen, nachdem Sie sich ein Leben lang fehlernährt haben. Nach der Ernährungsumstellung wird der Körper giftige Schlacken ausscheiden, und für ein oder zwei Tage werden Sie sich schlechter fühlen.

So ist es auch, wenn Sie sich entschließen, Ihre Denkmuster zu verändern. Es kann sein, dass sich Ihre Situation zunächst vorübergehend verschlechtert. Doch denken Sie daran: Sie müssen sich vielleicht durch eine Menge vertrocknetes Unkraut wühlen, bis Sie auf die reiche Erde darunter stoßen. Aber Sie können es schaffen! Ich weiß es!

ÜBUNG: IHRE FREUNDSCHAFTEN

Schreiben Sie in die folgenden Zeilen dreimal die Affirmation:

»Ich bin bereit, die Muster in mir loszulassen, die Probleme mit meinen Freunden verursachen.«

1. Wie waren die ersten Freundschaften in Ihrer Kindheit?

____

____

____

____

____

____

2. Wie ähneln Ihre heutigen Freundschaften diesen Kinderfreundschaften?

____

____

____

____

____

____

3. Was haben Sie von Ihren Eltern über Freundschaft gelernt?

4. Mit was für Menschen waren Ihre Eltern befreundet?

5. **Mit was für Menschen möchten Sie in Zukunft befreundet sein? Beschreiben Sie sie möglichst genau.**

ÜBUNG: SELBSTWERTGEFÜHL UND FREUNDSCHAFT

Schauen wir uns einmal unser Selbstwertgefühl auf dem Gebiet der Freundschaft an. Beantworten Sie die folgenden Fragen. Schreiben Sie zu jeder Antwort eine positive Affirmation (in der Gegenwartsform), um den alten Glaubenssatz zu ersetzen.

1. **Fühle ich mich im Bereich der Freundschaft wertvoll?**

   Beispiel: *Nein. Warum sollte mich jemand in seiner Nähe haben wollen?*

   Affirmations-Beispiel: *Ich liebe und akzeptiere mich, und ich ziehe Freunde magnetisch an.*

Ihre Antwort:

Ihre Affirmation:

---

2. **Wovor habe ich, was Freundschaft angeht, die meiste Angst?**

Beispiel: *Ich fürchte mich vor Verrat. Ich traue anderen nicht.*

Affirmations-Beispiel: *Ich vertraue mir, ich vertraue dem Leben, und ich vertraue meinen Freunden.*

Ihre Antwort:

Ihre Affirmation:

---

3. **Was ›habe‹ ich von diesem Glaubenssatz?**

Beispiel: *Ich kann über andere urteilen. Ich warte darauf, dass meine Freunde etwas falsch machen, damit ich es ihnen vorhalten kann.*

Affirmations-Beispiel: *Alle meine Freundschaften sind erfolgreich. Ich bin ein liebender und fördernder Freund.*

Ihre Antwort:

____

____

Ihre Affirmation:

____

____

4. **Was könnte schlimmstenfalls geschehen, wenn ich diesen Glauben aufgebe?**

Beispiel: *Ich würde die Kontrolle verlieren.*
Die Menschen würden mich wirklich kennen lernen.

Affirmations-Beispiel: *Andere zu lieben ist leicht, wenn ich mich selbst liebe und akzeptiere.*

Ihre Antwort:

____

____

Ihre Affirmation:

____

____

Wenn wir alle für die Erfahrungen in unserem Leben selbst verantwortlich sind, dann gibt es niemanden, dem wir die Schuld geben könnten. Was auch immer ›dort draußen‹ geschieht, es ist nur ein Spiegelbild unseres Denkens.

ÜBUNG: DENKEN SIE ÜBER IHRE FREUNDE NACH

Denken Sie an drei Ereignisse in Ihrem Leben, wo sie das Gefühl hatten, von Freunden schlecht behandelt oder missbraucht worden zu sein. Vielleicht missbrauchte ein Freund Ihr Vertrauen oder ließ Sie im Stich, als Sie auf ihn angewiesen waren. Vielleicht spannte er Ihnen einen Partner bzw. eine Partnerin aus.

Nennen Sie jeweils den Vorfall, und schreiben Sie einige Ihrer bewussten Gedanken auf, die diesem Vorfall vorausgingen.

Beispiel: *Als ich sechzehn war, fiel mir meine beste Freundin Susie in den Rücken und verbreitete Lügen über mich. Als ich sie zur Rede stellen wollte, belog sie mich. Danach stand ich während des ganzen letzten Schuljahres ohne Freunde da.*

Meine geheimsten Gedanken waren: *Ich verdiene keine Freunde. Ich fühlte mich von Susie angezogen, weil sie kalt und kritisch war. Ich war es gewöhnt, gescholten und kritisiert zu werden.*

1. Der Vorfall:

Meine geheimsten Gedanken waren:

2. Der Vorfall:

Meine geheimsten Gedanken waren:

3. Der Vorfall:

Meine geheimsten Gedanken waren:

ÜBUNG: HILFE VON IHREN FREUNDEN

Denken Sie an drei Ereignisse in Ihrem Leben, wo Sie von Freunden Unterstützung erfuhren. Vielleicht setzte sich ein guter Freund für Sie ein oder half Ihnen in einer Notlage mit Geld aus. Oder Freunde halfen Ihnen dabei, eine schwierige Situation zu meistern.

Nennen Sie jeweils den Vorfall, und schreiben Sie einige Ihrer bewussten Gedanken auf, die diesem Vorfall vorausgingen.

Beispiel: *Ich werde nie Helen vergessen. Als die Leute an meiner ersten Arbeitsstelle sich über mich lustig machten, weil ich auf einer Besprechung etwas Dummes gesagt hatte, stand Helen zu mir. Sie half mir, meine Verlegenheit zu überwinden, sodass ich den Arbeitsplatz behielt.*

Damals dachte ich: *Auch wenn ich einen Fehler mache, wird mir immer jemand beistehen. Ich verdiene Unterstützung. Frauen unterstützen mich.*

1. **Der Vorfall:**

Damals dachte ich:

2. Der Vorfall:

Damals dachte ich:

3. Der Vorfall:

Damals dachte ich:

Visualisierungen

Welche Freunde brauchen meine Anerkennung?

Nehmen Sie sich einen Augenblick Zeit, um sie zu visualisieren. Schauen Sie der jeweiligen Person in die Augen, und sagen Sie: »Ich danke dir und segne dich mit Liebe dafür, dass du da warst, als ich dich brauchte. Möge dein Leben voller Freude sein.«

Welchen Freunden sollten Sie vergeben?

Nehmen Sie sich einen Augenblick Zeit, um sie zu visualisieren. Schauen Sie jetzt der betreffenden Person in die Augen, und sagen Sie: »Ich vergebe dir, dass du dich nicht so verhalten hast, wie ich es wollte. Ich vergebe dir und gebe dich frei.«

Nachfolgend finden Sie zu den negativen Glaubenssätzen von Seite 177 die passenden Affirmationen. Machen Sie diese Affirmationen zu einem festen Bestandteil Ihres Tagesablaufs. Wenden Sie sie im Auto an, bei der Arbeit oder morgens vor dem Badezimmerspiegel.

Wenn Sie glauben:	Benutzen Sie die Affirmation:
Meine Freunde unterstützen mich nicht.	*Meine Freunde lieben und unterstützen mich.*
Alle kritisieren mich ständig.	*Die Welt ist sicher, und alles Leben liebt und stützt mich.*
Niemand sieht die Dinge wie ich.	*Ich bin allen Meinungen gegenüber aufgeschlossen.*
Meine Privatsphäre wird nicht respektiert.	*Ich respektiere andere Menschen, und sie respektieren mich.*
Ich kann keine dauerhaften Freundschaften aufbauen.	*Meine Liebe und Offenheit lassen dauerhafte Freundschaften entstehen.*
Ich kann mich meinen Freunden nicht wirklich öffnen.	*Offenheit ist völlig ungefährlich.*
Ich gebe meinen Freunden nur gut gemeinte Ratschläge.	*Meine Freunde und ich sind völlig frei, ganz wir selbst zu sein.*
Ich weiß nicht, wie man ein guter Freund ist.	*Ich lasse mich von meiner inneren Weisheit führen.*
Ich kann meine Freunde nicht um Hilfe bitten.	*Ich bin frei, um das zu bitten, was ich mir wünsche.*
Ich kann meinen Freunden gegenüber nicht Nein sagen.	*Ich löse mich von allen Beschränkungen und drücke mich frei aus.*

»Ich gebe mir die Erlaubnis, ein Freund zu sein.«

Freundschafts-Meditation

Ich bin eins mit dem Leben, und das Leben liebt und unterstützt mich. Daher beanspruche ich für mich einen frohen, liebevollen Kreis guter Freunde. Wir verbringen stets eine schöne Zeit miteinander, kommen aber auch allein gut zurecht. Ich bin nicht wie meine Eltern und frei, meine zwischenmenschlichen Beziehungen anders als sie zu gestalten. Ich bin ein einzigartiger, wunderbarer Mensch und dulde nur wohlwollende, liebevolle Leute in meiner Welt. Wohin ich auch gehe, stets werde ich mit Wärme und Freundlichkeit willkommen geheißen. Ich verdiene es, wirklich gute Freunde zu haben, und öffne mich jetzt für Liebe und Freude. Das ist die Wahrheit meines Seins. Alles ist gut in meiner Welt und zwischen meinen Freunden und mir.

Kapitel Elf

SEXUALITÄT

»Ich bin im Frieden mit meiner Sexualität.«

Checkliste Sexualität

- [ ] Ich fürchte mich vor Sex.
- [ ] Sex ist schmutzig.
- [ ] Geschlechtsorgane machen mir Angst.
- [ ] Ich bekomme nicht, was ich mir wünsche.
- [ ] Meine Geschlechtsorgane haben nicht die richtige Form und Größe.
- [ ] Ich schäme mich meiner Sexualität.
- [ ] Mein Körper wird meinem Partner nicht gefallen.
- [ ] Ich fürchte mich vor Geschlechtskrankheiten.
- [ ] Ich bin nicht gut genug.
- [ ] Sex ist schmerzhaft.

Sex ist für viele Leute ein schwieriges Thema. Viele beklagen sich darüber, dass sie zu viel oder zu wenig bekommen. Sex bedroht sie, motiviert sie, macht sie wahnsinnig oder dient als Fluchtmöglichkeit. Er kann sanft, liebevoll, freudig, schmerzhaft, explosiv, wunderbar, erfüllend oder demütigend sein.

Oft setzen die Leute Sex mit Liebe gleich, oder sie müssen ineinander verliebt sein, um Sex zu haben. Viele von uns wuchsen in dem Glauben auf, dass Sex außerhalb der Ehe Sünde sei, oder dass Sex der Fortpflanzung und nicht der Freude zu dienen habe. Manche Menschen haben sich gegen diese Vorstellung aufgelehnt und denken, dass Sex nichts mit Liebe zu tun hat.

Die meisten unserer Glaubensvorstellungen über Sex lassen sich bis in unsere Kindheit und zu unseren Ideen über Gott und Religion zurückverfolgen. Die meisten von uns wuchsen mit jenem Konzept auf, das ich ›Mamas Gott‹ nenne, mit dem also, was Ihnen Ihre Mutter über Gott beibrachte, als Sie klein waren. Das ist oft die Vorstellung von Gott als einem alten Mann mit Bart. Dieser alte Mann sitzt auf einer Wolke, starrt den Leuten auf ihre Genitalien und wartet darauf, dass jemand sündigt.

Denken Sie einen Moment über die ungeheure Größe des Universums nach. Wie vollkommen das alles ist! Denken Sie an die Größe der Intelligenz, die das alles erschaffen hat. Ich kann mir einfach nicht vorstellen, dass diese göttliche Intelligenz einem prüden alten Mann ähneln soll, der *meine* Genitalien überwacht.

Als Kleinkinder wussten wir, wie perfekt unsere Körper sind, und wir liebten unsere Sexualität. Kleinkinder schämen sich ihrer selbst nicht. *Kein Baby würde je auf die Idee kommen, seinen Selbstwert von seinem Hüftumfang abhängig zu machen.*

Wir müssen uns von Bildern und Glaubenssätzen lösen, die uns nicht fördern und unterstützen. Ich glaube, dass die sexuelle Revolution in den späten sechziger Jahren viele gute Seiten hatte. Wir wurden von mancher Heuchelei befreit. Wenn Menschen plötzlich von Beschränkungen befreit werden, ›flippen‹ sie natürlich erst einmal für eine Weile aus. Schließlich wird das Pendel aber wieder zurückschwingen, bis ein Gleichgewicht erreicht ist – in der Mitte zwischen Wildheit und Unterdrückung. Ich glaube, dass Sex als ein freudiger, liebevoller Akt gedacht ist, und solange unsere Herzen offen sind und wir wirklich auf uns selbst Acht geben, werden wir dabei weder uns selbst noch anderen Schaden zufügen. Doch Sex kann auch eine Form des Missbrauchs sein und Ausdruck eines geringen Selbstwertgefühls. Wenn wir immer wieder neue Partner brauchen, um uns so ständig unseren Wert zu beweisen, oder wenn Untreue für uns zu einer Lebensart wird, dann sollten wir unser Denken überprüfen.

Visualisierung

Bevor Sie die folgenden Fragen beantworten, sollten Sie sich hinlegen oder bequem hinsetzen. Schließen Sie die Augen, und legen Sie beide Hände auf Ihr Herz. Visualisieren Sie Licht, und sagen Sie laut: *»Ich bin bereit, die Liebe hereinzulassen.«* Spüren Sie, wie die Energie in Ihr Herz fließt. Warten Sie ein paar Minuten, wiederholen Sie dann die Übung mehrfach, öffnen Sie die Augen, und sagen Sie: *»Alles ist gut.«*

ÜBUNG: IHRE EINSTELLUNG ZUR SEXUALITÄT

Beantworten die die folgenden Fragen so gut es geht.

1. **Was haben Sie als Kind über Sex gelernt?**

____

____

____

____

____

____

2. **Was haben Ihnen Ihre Eltern über den menschlichen Körper beigebracht? War er schön, oder war er etwas, dessen man sich schämen musste?**

____

____

____

____

____

____

3. Was wurde in der Schule oder in der Kirche über Sex gesagt? War er eine Sünde, für die man bestraft wurde?

4. Wie wurden Ihre Genitalien genannt? Oder waren sie nur etwas ›da unten‹?

5. Glauben Sie, dass Ihre Eltern ein erfülltes Sexualleben hatten?

6. Inwieweit ähneln Ihre Vorstellungen über Sex denen Ihrer Eltern?

7. Inwieweit unterscheiden sie sich?

8. Was ›dachte‹ Gott über Sex, als Sie klein waren?

9. Setzen Sie Sex mit Liebe gleich?

10. Wie fühlen Sie sich während des Geschlechtsverkehrs? Fühlen Sie sich liebevoll und sanft? Fühlen Sie sich mächtig? Haben Sie Schuldgefühle?

11. Haben Sie je sich selbst oder einen anderen sexuell missbraucht?

12. Sind Sie selbst je sexuell missbraucht worden?

13. **Wenn Sie in Ihrem Leben im sexuellen Bereich etwas verändern könnten, was wäre das?**

____

____

____

____

____

____

Spiegelarbeit

Schauen Sie jetzt in den Spiegel, in Ihre Augen, und sagen Sie: *»Ich bin bereit, meinen Körper und meine Sexualität zu lieben.«* Sagen Sie das dreimal, jedes Mal mit mehr Bedeutung und Gefühl. Beantworten Sie dann die folgenden Fragen:

1. **Was sind Ihre negativsten Gedanken über Ihren Körper?**

____

____

____

____

____

2. **Woher kommen diese Gedanken?**

3. **Sind Sie bereit, sie loszulassen? Ja? Nein? Noch nicht?**

Jetzt wollen wir uns mit Ihrem Selbstwertgefühl beschäftigen. Beantworten Sie die folgenden Fragen, und finden Sie zu jeder eine passende Affirmation.

1. **Verdiene ich es, mich an meiner Sexualität zu erfreuen?**

Beispiel: *Nein. Ich mag meinen Körper nicht.*
Ich möchte den Sex schnell hinter mich bringen.
Ich finde mich hässlich.

Affirmations-Beispiel: *Ich liebe und achte meinen schönen Körper.*
Seine Form und sein Gewicht sind völlig in Ordnung.
Ich erfreue mich an meiner Sexualität.

Ihre Antwort:

____

____

Ihre Affirmation:

____

____

2. **Was fürchte ich im sexuellen Bereich am meisten?**

Beispiel: *Ich fürchte, ausgelacht zu werden.*
Ich fürchte, nicht zu wissen, was ich tun muss.
Ich fürchte mich davor, mich schmutzig zu fühlen.

Affirmations-Beispiel: *Meine Sexualität ist eine wunderbare Gabe.*
Ich liebe es, kreativ zu sein. Ich bin geborgen.

Ihre Antwort:

____

____

Ihre Affirmation:

____

____

3. **Was ›habe‹ ich von diesem Glaubenssatz?**

Beispiel: *Ich schütze mich. Ich fühle mich sicher. Ich will nicht, dass mir ein anderer mit seinen Genitalien zu nahe kommt. Ich habe Angst vor Genitalien.*

Affirmations-Beispiel: *Es ist sicher, ich selbst zu sein. Ich liebe meinen ganzen Körper. Der Fluss des Lebens schützt mich.*

Ihre Antwort:

____

____

Ihre Affirmation:

____

____

4. **Was könnte schlimmstenfalls geschehen, wenn ich diesen Glauben aufgebe?**

Beispiel: *Ich würde die Kontrolle verlieren. Ich fürchte, dass ich mich verlieren würde. Es würde kein ›ich‹ mehr geben.*

Affirmations-Beispiel: *In allen Situationen bin ich immer ich selbst.*
Ich erfreue mich an meiner Individualität.

Ihre Antwort:

____

____

Ihre Affirmation:

____

____

Zu jedem Glaubenssatz aus der Checkliste von Seite 195 finden Sie nachfolgend eine passende Affirmation. Machen Sie diese Affirmationen zu einem festen Bestandteil Ihres Tagesablaufs. Wenden Sie sie im Auto an, bei der Arbeit oder immer dann, wenn Ihre negativen Glaubenssätze in Ihnen hochsteigen.

Wenn Sie glauben:	Benutzen Sie die Affirmation:
Ich fürchte mich vor Sex.	*In völliger Sicherheit erkunde ich meine Sexualität.*
Sex ist schmutzig.	*Sex ist sanft, liebevoll und eine Freude.*
Geschlechtsorgane machen mir Angst.	*Geschlechtsorgane sind normal, natürlich und schön.*
Ich bekomme nicht, was ich mir wünsche.	*Ich bin stets sexuell ausgefüllt und befriedigt.*
Meine Genitalien haben nicht die richtige Form und Größe.	*Meine Genitalien sind vollkommen.*
Ich schäme mich meiner Sexualität.	*Ich löse mich von einschränkenden Glaubenssätzen und akzeptiere mich voll und ganz.*
Ich kann meine Wünsche nicht artikulieren.	*Ich drücke meine Wünsche mit Freude und frei aus.*
Gott will nicht, dass ich Geschlechtsverkehr habe.	*Gott hat meine Sexualität erschaffen und billigt sie.*
Mein Körper wird meinem Partner nicht gefallen.	*Mein Partner spiegelt die Liebe wider, die ich für meinen Körper empfinde.*
Ich fürchte mich vor Geschlechtskrankheiten.	*Göttlicher Schutz und göttliche Führung begleiten mich.*
Ich bin nicht gut genug.	*Ich liebe mich und meine Sexualität. Ich bin im Frieden.*
Sex ist schmerzhaft.	*Sanft gehen mein Partner und ich mit meinem Körper um.*

»Ich gebe mir die Erlaubnis, mich an meinem Körper zu freuen.«

Sexualitäts-Meditation

Ich bin eins mit dem Leben, und das Leben liebt und unterstützt mich. Daher beanspruche ich für mich völlige Akzeptanz meiner Sexualität. Ich liebe meinen Körper und meine Sexualität. Ich bin nicht wie meine Eltern und muss ihre sexuellen Verhaltensmuster nicht übernehmen. Ich bin ein einzigartiger, wunderbarer Mensch und entscheide mich bewusst dafür, alle Teile meines Körpers und ihre Funktionen zu lieben. Meine Leber, meine Nase, meine Zehen und meine Geschlechtsorgane sind wunderbare Schöpfungen und absolut liebenswert. Ich schenke meine körperliche Intimität nur einer Partnerin oder einem Partner, die oder der mich aufrichtig liebt und achtet. Ich freue mich an meiner Sexualität. Das ist die Wahrheit meines Seins. Alles ist gut in meinem Liebesleben.

Januar
Februar
März
April
Mai
5 6 7 8 9 10 11 12 13 14 15 16 17 18 19 20 21 22 23 24 25 26 27 28 29 30 31 1 2 3

Kapitel Zwölf

LIEBE UND NÄHE

»Liebe umgibt mich.
Ich liebe, bin liebenswert und werde geliebt.«

Checkliste Liebe und Nähe

- [ ] Ich fürchte mich davor, abgelehnt zu werden.
- [ ] Liebe ist nie von Dauer.
- [ ] Ich fühle mich wie in einer Falle.
- [ ] Liebe macht mir Angst.
- [ ] Ich muss alles so machen, wie *sie* wollen.
- [ ] Wenn ich mich um mich selbst kümmere, werden sie mich verlassen.
- [ ] Ich bin eifersüchtig.
- [ ] Ich kann nicht ich selbst sein.
- [ ] Ich bin nicht gut genug.
- [ ] Ich will nicht so eine Ehe, wie meine Eltern sie hatten.
- [ ] Ich weiß nicht, wie man liebt.
- [ ] Zu jemandem, den ich liebe, kann ich nicht Nein sagen.
- [ ] Alle verlassen mich.

Wie haben Sie als Kind Liebe erlebt? Drückte sich Liebe in Ihrer Familie durch Kämpfen, Schreien, Weinen, Türenschlagen, Manipulationen, Kontrolle, Schweigen oder Rache aus? War das der Fall, dann werden Sie als Erwachsener nach ähnlichen Erfahrungen suchen. Sie werden Menschen finden, die sich dementsprechend verhalten. Wenn Sie als Kind nach Liebe suchten, jedoch nur Schmerz zugefügt bekamen, dann werden Sie als Erwachsener so lange Schmerz statt Liebe erfahren, bis Sie sich von Ihrem alten familiären Muster gelöst haben.

ÜBUNG: WIE SIE LIEBE UND NÄHE EMPFINDEN

Beantworten Sie die folgenden Fragen so gut es geht.

1. **Wie endete Ihre letzte Beziehung?**

____

____

____

____

____

____

2. Wie endete die Beziehung davor?

3. Denken Sie über Ihre zwei letzten intimen Beziehungen nach. Was waren die Hauptprobleme?

4. **Erinnerten diese Probleme Sie an Konflikte mit Ihrem Vater, Ihrer Mutter oder beiden Eltern?**

Möglicherweise endeten alle Ihre Beziehungen damit, dass Ihr Partner Sie verließ. Dieses Bedürfnis in Ihnen, verlassen zu werden, könnte von der Scheidung der Eltern herrühren, von einem Todesfall oder daher, dass ein Elternteil sich von Ihnen zurückzog, weil Sie nicht das waren, was er sich von Ihnen erwartete.

Um dieses Muster zu ändern, müssen Sie Ihren Eltern vergeben UND verstehen, dass Sie dieses alte Verhalten nicht zu wiederholen brauchen. So befreien Sie Ihre Eltern und sich selbst.

Bei jedem Muster, das wir ständig wiederholen, besteht ein INNERES BEDÜRFNIS nach einer solchen Wiederholung. Dieses Bedürfnis entspricht einem unserer Glaubenssätze. Gäbe es das Bedürfnis nicht, käme es auch nicht zu dieser ständigen Wiederholung. Selbstkritik durchbricht dieses Muster nicht, das kann nur die Loslösung von dem Bedürfnis erreichen.

Spiegelarbeit

Gehen Sie zum Spiegel, schauen Sie sich in die Augen, und sagen Sie: *»Ich bin bereit, mich von dem Bedürfnis nach Beziehungen zu lösen, die mich nicht fördern und stützen.«*

Sagen Sie das fünfmal; legen Sie bei jeder Wiederholung mehr Bedeutung hinein. Denken Sie dabei an einige Ihrer Beziehungen.

ÜBUNG: IHRE BEZIEHUNGEN

Beantworten Sie die folgenden Fragen so gut es geht.

1. **Was haben Sie als Kind über die Liebe gelernt?**

2. Hatten Sie je einen Chef, der wie Ihr Vater oder Ihre Mutter war? Wie war er?

3. Ist Ihr Partner wie Ihr Vater/Ihre Mutter? In welcher Hinsicht?

4. Was oder wem müssen Sie vergeben, um dieses Muster zu ändern?

____

____

____

____

____

____

5. Was wünschen Sie sich aufgrund Ihrer neuen Erkenntnisse für Ihre Partnerschaft?

____

____

____

____

____

____

Ihre alten Gedanken und Glaubenssätze gestalten so lange Ihre Erfahrungen, bis Sie sich von ihnen lösen. Ihre zukünftigen Gedanken kennen Sie noch nicht. Aber Ihr gegenwärtiger Gedanke, der, den Sie jetzt gerade denken, unterliegt voll und ganz Ihrer Kontrolle.

Der Mensch wählt sich seine Gedanken selbst aus. Wenn wir denselben Gedanken gewohnheitsmäßig wieder und wieder denken, ist uns vielleicht gar nicht mehr bewusst, dass wir ihn uns selbst ausgesucht haben. Und doch haben wir einmal diese Wahl getroffen. Wir können uns weigern, bestimmte Gedanken zu denken. Wie oft haben Sie sich schon geweigert, etwas Positives über sich zu denken? Genauso können Sie sich auch weigern, etwas Negatives über sich zu denken. Dazu ist nur etwas Übung nötig.

ÜBUNG: LIEBE UND NÄHE

Schauen wir uns diese Glaubenssätze einmal genau an. Beantworten Sie jede der folgenden Fragen. Schreiben Sie nach jeder Antwort eine positive Affirmation (in der Gegenwartsform) auf, um den alten Glaubenssatz zu ersetzen.

1. **Bin ich es wert, eine intime Beziehung zu haben?**

   Beispiel: *Nein. Die Menschen würden vor mir davonlaufen, wenn sie mich wirklich kennen würden.*

   Affirmations-Beispiel: *Ich bin liebevoll und liebenswert.*

Ihre Antwort:

Ihre Affirmation:

2. **Habe ich Angst davor, zu lieben?**

Beispiel: *Ja – ich habe Angst vor der Untreue eines möglichen Partners.*

Affirmations-Beispiel: *Liebe gibt immer Sicherheit.*

Ihre Antwort:

Ihre Affirmation:

3. **Was ›habe‹ ich von diesem Glaubenssatz?**

Beispiel: *Ich halte mein Leben frei von romantischen Ideen.*

Affirmations-Beispiel: *Es ist ein Gewinn, mein Herz zu öffnen und die Liebe hereinzulassen.*

Ihre Antwort:

____

____

Ihre Affirmation:

____

____

4. **Was könnte schlimmstenfalls geschehen, wenn ich diesen Glauben aufgebe?**

Beispiel: *Man würde mich ausnutzen und verletzen.*

Affirmations-Beispiel: *Es ist ein Gewinn für mich, mein Innerstes mit anderen zu teilen.*

Ihre Antwort:

____

____

Ihre Affirmation:

____

____

Nachfolgend finden Sie zu jedem negativen Glaubenssatz aus der Checkliste von Seite 213 die passende Affirmation. Machen Sie diese Affirmationen zu einem festen Bestandteil Ihres Tagesablaufs. Wenden Sie sie im Auto an, bei der Arbeit oder jedes Mal, wenn Ihre negativen Glaubenssätze in Ihnen hochsteigen.

Wenn Sie glauben:	Benutzen Sie die Affirmation:
Ich fürchte mich davor, abgelehnt zu werden.	*Ich liebe und akzeptiere mich und bin geborgen.*
Liebe ist nie von Dauer.	*Liebe ist ewig.*
Ich fühle mich wie in einer Falle.	*Liebe befreit mich.*
Liebe macht mir Angst.	*Liebe gibt mir Geborgenheit.*
Ich muss alles so machen, wie *sie* wollen.	*Wir sind stets gleichwertige Partner.*
Wenn ich mich um mich selbst kümmere, werden sie mich verlassen.	*Wir alle sorgen für uns selbst.*
Ich kann nicht ich selbst sein.	*Die Menschen lieben mich, wenn ich ich selbst bin.*
Ich bin nicht gut genug.	*Ich bin es wert, geliebt zu werden.*
Ich will nicht so eine Ehe, wie meine Eltern sie hatten.	*Ich löse mich von der Begrenzung durch meine Eltern.*
Ich weiß nicht, wie man liebt.	*Mich selbst und andere zu lieben, wird von Tag zu Tag leichter.*
Zu jemandem, den ich liebe, kann ich nicht Nein sagen.	*Mein Partner und ich respektieren die Entscheidungen des anderen.*
Alle verlassen mich.	*Ich erschaffe jetzt eine dauerhafte Liebesbeziehung.*

»Ich gebe mir die Erlaubnis, Liebe und Nähe zu erleben.«

Meditation für Liebe und Nähe

Ich bin eins mit dem Leben, und das Leben liebt und unterstützt mich. Daher beanspruche ich Liebe und Nähe als natürlichen Teil meiner Welt. Ich bin es wert, geliebt zu werden. Ich bin nicht wie meine Eltern und daher frei, auf meine Weise mit Liebe und Nähe umzugehen. Ich bin ein einzigartiger, wunderbarer Mensch. Ich entscheide mich jetzt für eine dauerhafte liebevolle Partnerschaft, die für meinen Gefährten oder meine Gefährtin und mich wohltuend und erfüllend ist. Wir ergänzen einander in schöner Harmonie und bringen jeder das Beste im anderen zum Vorschein. Wir sind romantisch, und wir sind einander die besten Freunde. Ich freue mich an dieser festen, glücklichen Liebesbeziehung. Das ist die Wahrheit meines Seins. Alles ist gut in meiner liebevollen Welt.

Weisheit
Freude
Die besten Jahre

Kapitel Dreizehn

ALT WERDEN

»Ich bin in jedem Alter schön und selbstbewusst.«

Alters-Checkliste

- [ ] Ich habe Angst vor dem Altwerden.
- [ ] Ich fürchte mich davor, faltig und dick zu werden.
- [ ] Ich möchte nicht als Pflegefall enden.
- [ ] Alt sein heißt hässlich und unerwünscht sein.
- [ ] Alt werden bedeutet Krankheit und Verfall.
- [ ] Als alter Mensch wird man von den jüngeren gemieden.

Wir alle werden älter. Das ist unvermeidlich. Wie wir alt werden, darauf haben wir aber durchaus Einfluss.

Welche Dinge machen uns alt? Bestimmte Glaubenssätze bezüglich des Alterns, etwa die Überzeugung, dass Altwerden Krankheit bedeutet. Hass auf den eigenen Körper. Der Glaube an Zeitknappheit. Wut und Hass. Selbsthass. Bitterkeit. Scham und Schuldgefühle. Furcht. Vorurteile. Selbstgerechtigkeit. Kritiksucht. Das Leben allzu schwer zu nehmen. Die eigene Macht an andere abgeben. Solche Glaubenssätze lassen uns rasch altern.

Wie sehen Ihre eigenen Glaubenssätze über das Altern aus? Glauben Sie, wenn Sie gebrechliche, hinfällige Menschen sehen, dass auch Ihnen ein solches Schicksal bevorsteht? Fällt Ihnen auf, wie einsam viele ältere Menschen sind, und fürchten Sie, später ebenfalls allein zu sein? Wir müssen solche negativen Vorstellungen nicht akzeptieren. Wir können unser Alter ganz anders gestalten. Die Dinge müssen nicht so bleiben. Wir können uns unsere Macht zurückholen.

Sich vital und energiegeladen zu fühlen ist viel wichtiger als die Frage, ob wir ein paar Falten mehr oder weniger haben. Und doch haben wir uns einreden lassen, wir wären nur akzeptabel, solange wir jung und schön sind. Warum machen wir uns einen solchen Glaubenssatz zu Eigen? Wie konnte es geschehen, dass wir unsere Liebe zu uns selbst und zu anderen Menschen verloren? Wir haben das Leben in einem menschlichen Körper zu etwas Unangenehmem gemacht. Täglich suchen wir geradezu nach unseren Makeln und sorgen uns um jede Falte. Doch das bewirkt nur, dass wir uns schlecht fühlen, was uns dann noch mehr Falten einbringt. Jedenfalls ist das keine Selbstliebe, sondern Selbsthass, der unsere Achtung für uns selbst untergräbt.

Was bringen Sie Ihren Kindern bezüglich des Altwerdens bei? Welches Beispiel geben Sie ihnen? Erleben sie Sie als dynamischen, liebevollen Menschen, der jeden neuen Tag genießt und sich auf die Zukunft freut? Oder sind Sie ein verbitterter, ängstlicher Mensch, der sich vor dem Alter fürchtet und erwartet, dass es ihm Krankheit und Einsamkeit bringt? Unsere Kinder lernen von uns! Und unsere Enkelkinder ebenfalls. Wie deren späte Jahre aussehen werden, hängt zu einem großen Teil davon ab, welche Vision wir ihnen vermitteln und vorleben.

Einst war unsere Lebenserwartung sehr kurz – sie lag nur bei Mitte zwanzig, dann bei Mitte dreißig, schließlich bei etwa vierzig Jahren. Noch zu Beginn des vorigen Jahrhundert galten Menschen mit über fünfzig als alt. Im Jahr 1900 betrug die durchschnittliche Lebenserwartung 47 Jahre. Heute gilt schon fast als normal, dass Menschen das achtzigste Lebensjahr überschreiten. Warum soll es unmöglich sein, dass unser Bewusstsein einen Quantensprung macht und ein mögliches Alter von 120 oder sogar 150 Jahren allgemein akzeptiert wird?

Das ist für uns keineswegs unerreichbar. Schon während der letzten ein oder zwei Generationen ist es normal und natürlich für die meisten von uns geworden, deutlich länger zu leben als unsere Vorfahren. Fünfundvierzig galt einmal als gesetztes mittleres Alter. Doch ich sehe voraus, dass dieses mittlere Alter künftig bei fünfundsiebzig liegen wird. Seit Generationen haben wir es geduldet, dass die Zahl unserer Jahre zum Gradmesser dafür wurde, wie wir uns zu fühlen und zu verhalten hatten. So wie in anderen Lebensbereichen gilt auch hier, dass das, was wir akzeptieren und glauben, für uns zur Realität wird. Und darum ist es an der Zeit, dass wir unsere Glaubenssätze über das Altwerden verändern! Wenn ich gebrechliche, kranke, furchtsame alte Leute sehe, sage ich mir: »Das muss nicht so sein.« Viele von uns haben bereits gelernt, dass wir unser Leben verändern können, indem wir unser Denken verändern.

Ich weiß, dass wir unsere das Alter betreffenden Glaubenssätze ändern können. Auf diese Weise können wir den Alterungsprozess zu einer positiven, kraftvollen, gesunden Erfahrung machen.

Um das zu erreichen, müssen wir ›exzellenten Alten‹ unsere Opfer-Mentaliät aufgeben. Solange wir uns als unglückselige, hilflose Individuen betrachten, solange wir untätig darauf warten, dass der Staat für uns alles regelt, werden wir als Gruppe nie Fortschritte machen. Tun wir Alten uns dagegen zusammen und entwickeln kreative Lösungen für unsere späten Jahre, erlangen wir echte Macht und können unsere Nation und die Welt zum Besseren verändern.

Es ist für unsere alten Menschen an der Zeit, sich ihre Macht von der medizinischen und pharmazeutischen Industrie zurückzuholen. Sie sollten sich aus den Fängen der Hightech-Medizin befreien, die sehr teuer ist und ihre Gesundheit zerstört. Für uns alle (und besonders für die Älteren) ist es an der Zeit, selbst die Verantwortung für unsere Gesundheit zu übernehmen. Wir müssen die Verbindung zwischen Körper und Geist verstehen – begreifen, dass das, was wir tun, sagen und denken, entweder zu Unwohlsein oder zu blühender Gesundheit beiträgt.

ÜBUNG: WIE SIE ÜBER DAS ALTWERDEN DENKEN

Beantworten Sie die folgenden Fragen so gut es geht.

1. **Wie altern Ihre Eltern? (Oder wie alterten sie, falls sie bereits verstorben sind.)**

____

____

____

____

____

____

2. Wie alt fühlen Sie sich?

3. Was tun Sie, um der Gesellschaft, dem Land, dem Planeten zu helfen?

4. Wie erzeugen Sie Liebe in Ihrem Leben?

5. Welche Vorbilder haben Sie?

6. Was bringen Sie Ihren Kindern bezüglich des Altwerdens bei?

7. Was tun Sie *heute*, um sich einen gesunden, glücklichen, vitalen Lebensabend zu erschaffen?

8. Wie denken Sie heute über alte Menschen, und wie verhalten Sie sich ihnen gegenüber?

9. Wie soll Ihr Leben aussehen, wenn Sie 60, 75, 85 sind?

10. Wie möchten Sie im Alter von anderen behandelt werden?

____

____

____

____

____

____

11. Wie möchten Sie sterben?

____

____

____

____

____

____

Ersetzen Sie nun jede negative Antwort durch eine positive Affirmation. Machen Sie sich klar, dass Ihre späten Jahre die besten Jahre Ihres Lebens werden können.

Am Ende dieses Regenbogens wartet ein echter Goldschatz auf Sie. Tief im Herzen wissen wir, dass dieser Schatz da ist, dass unsere späten Jahre eine Zeit des Glücks und der Erfüllung sein können. Wir müssen nur lernen, sie zur besten Zeit unseres Lebens zu machen. Und dieses Wissen sollten wir dann an die nachfolgenden Generationen weitergeben.

Ich weiß, dass es einen echten »Jungbrunnen« gibt. Hier sind einige Geheimnisse, die uns in jedem Alter zu jugendlicher Vitalität und Frische verhelfen:

- Streichen Sie das Wort alt aus Ihrem Vokabular.
- Sagen Sie nicht: »Ich werde alt«, sagen Sie: »Ich lebe länger.«
- Seien Sie aufgeschlossen für neue Ideen und Ansichten.
- Machen Sie einen Quantensprung des Denkens.
- Erwarten Sie, 120 oder sogar 150 Jahre zu leben.
- Ändern Sie Ihre Glaubenssätze.
- Lassen Sie sich nicht von anderen manipulieren.
- Ändern Sie Ihre Vorstellung darüber, was ›normal‹ ist.
- Bauen Sie sich eine blühende, kraftvolle Gesundheit auf.
- Sorgen Sie gut für Ihren Körper und für die ökologische Gesundheit unseres Planeten.
- Befreien Sie sich von einengenden Vorstellungen.
- Tragen Sie zu einem allgemeinen Bewusstseinswandel bei.
- Akzeptieren Sie die Wahrheit des positiven, optimistischen Denkens.
- Leisten Sie uneigennützigen Dienst für die Gemeinschaft.

Erschaffen wir uns ein bewusstes Idealbild von unseren späten Jahren als lohnendster Lebensphase. Wir sollten uns klar machen, dass unsere Zukunft immer licht und schön ist, ganz gleich, wie alt wir sind. Dazu müssen wir lediglich unser Denken ändern. Es ist Zeit, uns von angstvollen Vorstellungen über das Alter zu befreien. Machen wir einen Quantensprung des Denkens. Streichen wir das Wort ›alt‹ aus unserem Vokabular, und sorgen wir dafür, dass in unserem Land und in dieser Welt Menschen, die lange leben, immer noch als jung gelten. So werden unsere späten Jahre zur Schatzkammer unseres Lebens.

Meditation für Unendliche Liebe

Tief im Zentrum unseres Seins gibt es eine unendliche Quelle von Liebe, Freude, Frieden und Weisheit. Das gilt für alle Menschen. Doch wie oft nehmen wir Verbindung zu dieser Schatzkammer in uns auf? Tun wir das täglich? Oder nur ab und zu? Oder haben wir diesen Schatz völlig vergessen? Atmen Sie tief durch, und stellen Sie für einen Moment den Kontakt zu diesem Teil in Ihnen her. Mit nur einem Atemzug können Sie in Ihre Mitte gehen. Schließen Sie für einen Moment die Augen, und spüren Sie die Energie dieses inneren Kraftzentrums. Spüren Sie die Liebe, die von dort ausstrahlt. Lassen Sie sich von dieser Liebe durchströmen. Spüren Sie dann auch Ihre innere Freude, und lassen Sie sich von ihr durchströmen und erfüllen.

Meditation für Gesundheit und langes Leben

Ich bin eins mit dem Leben, und das Leben liebt und unterstützt mich. Daher beanspruche ich für mich geistigen Frieden und Lebensfreude in jedem Alter. Jeder Tag ist neu und anders und besitzt seine eigene Schönheit. Ich nehme aktiv am Leben teil. Ich bin interessiert und stets bereit dazuzulernen. Ich sorge sehr gut für meinen Körper. Ich wähle Gedanken, die mich glücklich machen. Ich habe eine starke Verbindung zu meiner spirituellen Quelle, die mich erhält und trägt. Ich bin nicht wie meine Eltern und muss daher nicht so altern wie sie. Ich bin ein einzigartiger, wunderbarer Mensch und entscheide mich für ein bis zum letzten Tag erfülltes und reiches Leben. Ich lebe in Frieden und bejahe und liebe das Leben. Das ist die Wahrheit meines Seins. Alles ist gut in meiner Welt.

Teil 3

IHR NEUES LEBEN

Kapitel Vierzehn

IHR NEUES SELBSTBILD

»Ich sehe mich in einem neuen Licht«

Zeichnen Sie mit Ihrer nichtdominanten Hand (der Hand, mit der Sie nicht schreiben) ein neues Bild Ihrer selbst. Benutzen Sie Filz- oder Buntstifte. Setzen Sie sich ruhig hin. Schließen Sie die Augen. Atmen Sie ruhig. Konzentrieren Sie sich.

»Wer bin ich?«

»Warum bin ich hier?«

»Was soll ich lernen?«

»Was soll ich lehren?«

»Was hat sich verändert?«

Ihr Selbstporträt:

Was macht mich glücklich?

»Ich erkenne, dass ich selbst die Quelle meines Glücks bin.«

Wir haben nun viele Bereiche unseres Lebens erforscht. Wir haben negative Muster und Glaubenssätze aufgedeckt. Wir haben alten Ballast abgeworfen. Wir fühlen uns freier und leichter. Wir sind offen und bereit, Gutes zu empfangen. Die nächste Frage lautet also: Was würde Sie glücklich machen? Es ist jetzt nicht der Augenblick, über das zu reden, was Sie nicht wollen. Es ist Zeit, darüber zu reden, was Sie in Ihrem Leben *wollen*. Zählen Sie alles auf, was Ihnen in den Sinn kommt. Gehen Sie alle Lebensbereiche durch. Zählen Sie mindestens fünfzig Dinge auf.

1. ______________________________

2. ______________________________

3. ______________________________

4. ______________________________

5. ______________________________

6. ______________________________

7. ______________________________

8. ______________________________

9. ______________________________

10. ______________________________

11. ______________________________

12. ______________________________

13. ______________________________

14. ______________________________

15. ______________________________

16. ______________________________

17. ______________________________

18. ______________________________

19. ______________________________

20. ______________________________

21. ______________________________

22. ______________________________

23. ______________________________

24. ______________________________

25. ______________________________

26. ______________________________

27. ______________________________

28. ______________________________

29. ______________________________

30. ______________________________

31. ______________________________

32. ______________________________

33. ______________________________

34. ______________________________

35. ______________________________

36. ______________________________

37. ______________________________

38. ______________________________

39. ______________________________

40. ______________________________

41. ______________________________

42. ______________________________

43. ______________________________

44. ______________________________

45. ______________________________

46. ______________________________

47. ______________________________

48. ______________________________

49. ______________________________

50. ______________________________

Finden Sie jetzt für jeden der fünfzig Punkte eine positive Affirmation. Seien Sie sich bewusst, dass jeder, der so hart wie Sie daran gearbeitet hat, sich zu verändern, eine wunderbare neue Welt verdient.

1. ______________________________

2. ______________________________

3. ______________________________

4. ______________________________

5. ______________________________

6. ______________________________

7. ______________________________

8. ______________________________

9. ______________________________

10. ______________________________

11. ______________________________

12. ______________________________

13. ______________________________

14. ______________________________

15. ______________________________

16. ______________________________

17. ______________________________

18. ______________________________

19. ______________________________

20. ______________________________

21. ______________________________

22. ______________________________

23. ______________________________

24. ______________________________

25. ____

26. ____

27. ____

28. ____

29. ____

30. ____

31. ____

32. ____

33. ____

34. ____

35. ____

36. ____

37. ____

38. ____

39. ____

40. ____

41. ____

42. ____

43. ____

44. ____

45. ____

46. ____

47. ____

48. ____

49. ____

50. ____

Es ist aufregend, dass es in unserem Leben so viele wunderbare Menschen und Orte gibt. Doch wir müssen uns darüber im Klaren sein, dass diese Dinge uns nicht ›glücklich machen‹. Nur *wir selbst* können uns ›glücklich machen‹. Nur wir selbst können die Gedanken denken, die Frieden und Freude erzeugen. Verleihen Sie niemals einer Person oder einer Sache außerhalb Ihrer selbst Macht. Machen Sie sich selbst glücklich, dann wird Ihnen alles Gute in reicher Fülle zufließen.

Spiegelarbeit

Schauen Sie in den Spiegel. Atmen Sie. Lächeln Sie. Sagen Sie: *»Alles auf dieser Liste steht mir zu.«* Atmen Sie. *»Mir steht in meinem Leben alles Gute zu, und ich nehme es an.«* Atmen Sie. *»Ich bin ein liebender, wertvoller Mensch, und ich liebe mich.«* Atmen Sie. *»Alles ist gut in meiner Welt.«*

Schauen Sie täglich in den Spiegel, und sagen Sie sich Folgendes:

»Ich liebe dich, (setzen Sie Ihren Namen ein), *ich liebe dich wirklich.«*
»Du bist mein bester Freund (meine beste Freundin), und es ist schön, mit dir zu leben.«
»Erfahrungen kommen und gehen; doch meine Liebe für dich hat Bestand. Wir führen zusammen ein gutes Leben, und es geht uns immer besser und besser.«
»Viele wundervolle Abenteuer und ein Leben voller Liebe erwarten uns.«
»Alle Liebe in unserem Leben beginnt mit uns. Ich liebe dich. Ich liebe dich wirklich!«

Ihre neue Geschichte

»Ich sehe mich in einem neuen Licht.«

Sie haben jetzt eine Liste mit allem erstellt, was Sie gerne in Ihrem Leben hätten – Menschen, Orte und Dinge, die zu Ihrem Glück beitragen können. Machen Sie daraus eine Geschichte. Schreiben Sie so viel oder so wenig, wie Sie möchten.

Ich, ________________________, habe jetzt ein wundervolles Leben ...

Visualisierung

Jetzt haben Sie Ihre neue Geschichte geschrieben. Visualisieren Sie, wie Sie in dieser Geschichte leben. Wie fühlen Sie sich dabei? Wie sehen Sie aus, wenn Sie älter werden? Sehen Sie Ihre harmonischen Beziehungen. Atmen Sie Ihre neu entdeckte Freiheit und Ihr neues Glück ein.

Entspannung und Meditation

Entspannung ist für den Heilungsprozess unverzichtbar. Es ist schwer, die Heilungsenergie in uns fließen zu lassen, wenn wir angespannt und ängstlich sind. Dr. Bernie Siegel schreibt: »Wie wohltuend Meditation auf den Körper wirkt, ist bestens dokumentiert. Sie senkt und normalisiert Blutdruck, Puls und die Konzentration von Stresshormonen im Blut. Die Vorzüge der Meditation vervielfachen sich, wenn sie mit regelmäßiger Körperertüchtigung kombiniert wird. Kurz gesagt, Meditation verringert die Belastung und den Verschleiß von Körper und Geist und hilft den Menschen, besser und länger zu leben.«

Um den Körper zu lockern und zu entspannen, braucht man nur ein, zwei kurze Augenblicke. Sie können jederzeit die Augen schließen, zwei- oder dreimal tief durchatmen und alle inneren Spannungen loslassen.

Wenn Sie mehr Zeit zur Verfügung haben, setzen oder legen Sie sich ruhig hin und suggerieren Ihrem Körper völlige Entspannung. Sagen Sie leise zu sich selbst: »Meine Zehen entspannen sich jetzt, meine Füße entspannen sich jetzt, meine Knöchel entspannen sich«, usw., bis Ihr ganzer Körper entspannt ist, wobei Sie statt an den Füßen natürlich auch oben am Kopf beginnen können.

Am Ende dieser einfachen Übung werden Sie sich für eine Weile ruhig und friedvoll fühlen. Wenn Sie sie häufig wiederholen, kann das bewirken, dass Sie sich fast ständig in einem Zustand inneren Friedens befinden. Diese sehr positive Körpermeditation können Sie fast überall praktizieren.

In unserer Gesellschaft gilt Meditation als etwas Mysteriöses und Schwieriges. Doch sie ist eine der ältesten und einfachsten Tätigkeiten. Natürlich können wir sie durch spezielle Atemtechniken und Mantras ergänzen. Solche Meditationen sind sehr schön für fortgeschrittene Schüler. Aber wir alle können meditieren, jetzt sofort; es ist ganz leicht.

Wir müssen uns dazu lediglich still hinsetzen oder -legen, die Augen schließen und ein paarmal tief durchatmen. Dadurch entspannt sich der Körper automatisch, ohne dass wir ihn dazu zwingen müssten. Wir können dabei die Worte ›Heilung‹, ›Frieden‹ oder ›Liebe‹ wiederholen, oder jedes andere Wort, das uns wichtig ist. Wir könnten sogar sagen: »Ich liebe mich.« Wir können leise fragen: »Was muss ich wissen?«, oder: »Ich bin bereit zu lernen.« Seien Sie dann ganz einfach still gegenwärtig.

Die Antworten werden sich sofort einstellen, vielleicht aber auch erst ein oder zwei Tage später. Setzen Sie sich nicht unter Zeitdruck. Lassen Sie die Dinge einfach geschehen. Vergessen Sie nicht, dass es für das Bewusstsein natürlich ist, zu denken; es wird Ihnen nie gelingen, sich völlig von störenden Gedanken während der Meditation zu befreien. Lassen Sie sie einfach frei fließen. Vielleicht fällt Ihnen plötzlich auf: »Oh, jetzt habe ich Angst-Gedanken oder Wut-Gedanken oder Katastrophen-Gedanken«, oder was auch immer. Messen Sie diesen Gedanken keine Bedeutung bei; lassen Sie sie vorbeiziehen wie Wolken am Sommerhimmel.

Manche Leute sagen, dass es die Qualität der Meditation verbessert, wenn man mit nicht überkreuzten Armen und Beinen und geradem Rücken sitzt. Das mag sein. Wenn Sie können, tun Sie es. Vor allem kommt es darauf an, dass Sie regelmäßig meditieren. Mit zunehmender Übung erhöht sich die Wirksamkeit der Meditation: Je regelmäßiger Sie es tun, desto besser sprechen Ihr Körper und Ihr Geist auf die Entspannung an und desto rascher erhalten Sie Ihre Antworten.

Eine andere einfache Meditationsmethode besteht darin, dass Sie einfach mit geschlossenen Augen still dasitzen und dabei Ihre Atemzüge zählen. Zählen Sie eins beim einatmen, zwei beim Ausatmen, drei beim Einatmen und so weiter, von eins bis zehn. Nach dem Ausatmen auf zehn beginnen Sie wieder bei eins. Wenn Ihre Aufmerksamkeit abdriftet, und Sie plötzlich merken, dass Sie bereits bei achtzehn oder dreißig angekommen sind, gehen Sie einfach sanft zur Eins zurück. Wenn Ihnen Gedanken an Ihren Arzt, Ihren Beruf oder an Ihre Einkaufsliste in die Quere kommen, kehren Sie wieder zur Zahl Eins zurück.

Sie können beim Meditieren nichts falsch machen, wo auch immer Sie beginnen. Es gibt Bücher, in denen verschiedene Methoden gelehrt werden. Sie können einen Kurs besuchen und so die Erfahrung machen, gemeinsam mit anderen zu meditieren. Fangen Sie einfach auf irgendeine Art an, und machen Sie es sich dann zu einer festen Gewohnheit.

Wenn Meditation neu für Sie ist, schlage ich vor, dass Sie mit einer Dauer von fünf Minuten beginnen. Menschen, die gleich mit zwanzig oder dreißig Minuten anfangen, langweilen sich dann möglicherweise und werfen enttäuscht das Handtuch. Fünf Minuten, ein- oder zweimal täglich, genügen für den Anfang. Wenn Sie Ihre Meditation immer um die gleiche Zeit praktizieren, beginnt Ihr Körper, sich regelrecht darauf zu freuen. Meditationen verhelfen Ihnen zu kleinen Ruhepausen, die sich günstig auf die Heilung Ihrer Emotionen und Ihres Körpers auswirken.

In jedem von uns gibt es eine enorme Weisheit. In uns sind die Antworten auf alle Fragen, die wir je stellen werden. Sie haben gar keine Vorstellung, wie weise Sie sind. Sie können für sich selbst sorgen. Sie verfügen über alle Antworten, die Sie brauchen. Stellen Sie den Kontakt her. Sie werden sich sicherer und stärker fühlen.

Meine Unterstützung ist immer bei Ihnen. Ich liebe Sie.

Louise L. Hay

Abschluss-Meditation

Ich bin eins mit dem Leben, und das Leben liebt und unterstützt mich. Die Vergangenheit ist tot und vorbei. Sie ist in dem Nichts verschwunden, aus dem sie gekommen ist. Ich bin frei. Ich habe ein neues Gefühl des Stolzes und des Selbst-Wertes. Ich vertraue auf meine neuen Fähigkeiten, zu lieben und mich selbst zu tragen. Ich habe gelernt, dass ich fähig zu Veränderungen und positivem Wachstum bin. Ich bin stark. Ich bin verbunden mit allem Leben. Ich bin eins mit der Universalen Kraft und Intelligenz. Göttliche Weisheit führt mich und lenkt jeden Schritt meines Weges. Ich bewege mich auf mein höchstes Gutes zu und bin dabei sicher und geborgen. Ich tue dies mit Leichtigkeit und Freude. Ich bin ein neuer Mensch und lebe in einer Welt meiner Wahl. Ich bin zutiefst dankbar für alles, was ich habe, und alles, was ich bin. Ich bin in jeder Hinsicht gesegnet und wohlhabend. Das ist die Wahrheit meines Seins. Alles ist gut in meiner Welt.

Von Louise L. Hay sind erschienen:

Bücher

Buch der Hoffnung. Trost und Inspiration zum Jahrtausendbeginn
München, Heyne 2001
Dankbarkeit erfüllt mein Leben
Freiburg, Alf Lüchow 1997
Das Körper-und Seele-Programm. Ein Arbeitsbuch zur mentalen Heilung
München, Heyne 1998
Das große Buch der heilenden Gedanken
München, Heyne 2002
Das Leben lieben. Heilende Gedanken für Körper und Seele
München, Heyne 2001
Deine innere Stimme. Neue Gedanken und Affirmationen zur Selbstheilung
München, Heyne 2001
Die Kraft einer Frau. Der weibliche Weg zur Selbstheilung
München, Heyne 2001
Du bist Dein Heiler!
München, Heyne 2000
Du selbst bist die Antwort. Botschaften an Ratsuchende
München, Heyne 2000
Ein Garten aus Gedanken
Freiburg, Alf Lüchow 2001
Gesundheit für Körper und Seele
München, Heyne 2001
Heile Deinen Körper A–Z
Freiburg, Alf Lüchow 2000
Heile Deinen Körper. Seelisch-geistige Gründe für körperliche Krankheit
Freiburg, Alf Lüchow 1998
Herzensweisheiten
Freiburg, Alf Lüchow 2000
Hoffnung geben, Liebe finden
München, Heyne 1996

Leben mit Louise L. Hay. Das große Buch der wahren Kraft
München, Heyne 2000
Licht für Körper und Seele. Meditationen zu Zahlen und Farben im Jahreslauf
München, Heyne 2000
Liebe das Leben wie dich selbst
München, Heyne 2001
Liebe deinen Körper. Positive Affirmationen für einen gesunden Körper
Freiburg, Alf Lüchow 2000
Meditationen für Körper und Seele
München, Heyne 2001
Tage der Freude, Tage der Kraft
München, Heyne 2000
Umkehr zur Liebe. Rückkehr zum Leben
München, Heyne 1998
Wahre Kraft kommt von Innen
München, Heyne 2001
Hay, Louise L. und Taylor, John C.:
Die innere Ruhe finden. Meditation als Weg
München, Heyne 2000

Kartensets

Körper und Seele. 64 Karten zur täglichen Arbeit mit Louise L. Hay
München, Heyne 2000
Glück und Weisheit. Begegnungen mit der inneren Stimme auf 64 Karten
München, Heyne 2002
Jeden Tag gut drauf. 50 Power-Karten
München, Heyne 2002

Hörbücher und CDs

Die Kraft einer Frau
München, Heyne 1999 (CDs und Tonkassette)
Gesundheit für Körper und Seele – Das HörBuch
Augsburg, Axent 1996 (2 Tonkassetten)
Gesundheit für Körper und Seele. Das Praxis-HörBuch
Augsburg, Axent 1997

© 1999 Charles William Bush Photography

Über die Autorin

Louise L. Hay gilt als eine der bedeutendsten spirituellen Lehrerinnen unserer Zeit. Sie entwickelte in den achtziger Jahren das erste psychologische Programm zur Aktivierung der Selbstheilungskräfte bei Schwerstkranken. Ihre Bücher wurden in 25 Sprachen übersetzt und sind weltweit mit einer Gesamtauflage von über 50 Millionen erschienen. Um ihr Werk ist mit Hay House ein eigener Verlag entstanden, der heute zu den wichtigsten Vorreitern alternativer Gesundheitslehren gehört. Ihr Name wurde zum Synonym für die Aktivierung von Selbstheilungskräften zur Unterstützung jeder ärztlichen Therapie.

Weitere Informationen zu Louise L. Hay und der Hay Foundation können Sie unter folgender Adresse erfragen:

Hay House, Inc.
P.O. Box 5100
Carlsbad, CA 92018-5100, USA

Tel.: (001) 760/431-7695
Fax: (001) 760/431-6948

Oder Sie besuchen Hay House im Internet:
www.hayhouse.com